Knowledge House Walnut Tree

Knowledge House Walnut Tree

中華文化輕鬆讀 09

展現悠久歷史
探尋中華文化

方寸天地

中國漢字

華夏兒女共享的精神家園

白 巍 戴和冰 主編

戴和冰 著

總　序

　　時下介紹傳統文化的書籍實在很多，大約都是希望通過自己的妙筆讓下一代知道過去，了解傳統；希望啓發人們在紛繁的現代生活中尋找智慧，安頓心靈。學者們能放下身段，走到文化普及的行列裏，是件好事。《中華文化基本叢書》書系的作者正是這樣一批學養有素的專家。他們整理體現中華民族文化精髓諸多方面，取材適切，去除文字的艱澀，深入淺出，使之通俗易懂；打破了以往寫史、寫教科書的方式，從中國漢字、戲曲、音樂、繪畫、園林、建築、曲藝、醫藥、傳統工藝、武術、服飾、節氣、神話、玉器、青銅器、書法、文學、科技等內容龐雜、博大精美、有深厚底蘊的中國傳統文化中擷取一個個閃閃的光點，關照承繼關係，尤其注重其在現實生活中的生命性，娓娓道來。一張張承載著歷史的精美圖片與流暢的文字相呼應，直觀、具體、形象，把僵硬久遠的過去拉到我們眼前。本書系可說是老少皆宜，每位讀者從中都會有所收穫。閱讀本是件美事，讀而能靜，靜而能思，思而能智，賞心悅目，何樂不爲？

　　文化是一個民族的血脈和靈魂，是人民的精神家園。文化是一個民族得以不斷創新、永續發展的動力。在人類發展的歷史中，中華民族的文明是唯一一個連續五千餘年而從未中斷的古老文明。在漫長的歷史進程中，中華民族勤勞善良，不屈不撓，勇於探索；崇尚自然，感受自然，認識

自然，與自然和諧相處；在平凡的生活中，積極進取，樂觀向上，善待生命；樂於包容，不排斥外來文化，善於吸收、借鑒、改造，使其與本民族文化相融合，兼容並蓄。她的智慧，她的創造力，是世界文明進步史的一部分。在今天，她更以前所未有的新面貌，充滿朝氣、充滿活力地向前邁進，追求和平，追求幸福，勇擔責任，充滿愛心，顯現出中華民族一直以來的達觀、平和、愛人、愛天地萬物的優秀傳統。

　　什麼是傳統？傳統就是活著的文化。中國的傳統文化在數千年的歷史中產生、演變，發展到今天，現代人理應薪火相傳，不斷注入新的生命力，將其延續下去。在實踐中前行，在前行中創造歷史。厚德載物，自強不息。是為序。

湯一介

序

穿越時空的東方魔塊

漢字，也稱中國字，是中國人用來記錄漢語的書寫符號系統。自萌芽時期算起，漢字已有六千多年的歷史，是目前世界上歷史最悠久、使用人數最多的文字。漢字不僅是中華民族燦爛文化寶庫中的瑰寶，還是世界文化寶庫中的一顆璀璨明珠。

漢字是漢族的先民們在長期的社會實踐中逐漸創造、豐富、完善起來的，成系統的漢字已擁有四千五百多年的歷史，與古埃及的聖書字（北非）、古巴比倫的楔形文字（西亞）、中美洲的古馬雅文字並稱世界上最古老的四大自源文字。聖書字、楔形文字、古馬雅文字早已不再使用，只有漢字，雖然形體歷經演變，但至今仍作為中國人最重要、最常用的書寫符號發揮著無可替代的作用。

與西方諸拼音文字體系比，漢字有著鮮明的特點和獨特的魅力。

第一，漢字是方塊形文字，現行漢字實行由左向右書寫。漢字在一個個平面形方塊內記錄漢語，字的筆劃橫向縱向同時展開，形成一個平面。筆劃間的空間組配關係比線性文字左右方向或上下方向的排列方式複雜。

由於筆劃的長短、筆劃間距離的遠近等因素的作用，一個個漢字平面圖形更加豐富，字形也富於變化。看到「笑」，我們彷彿感受到一個人的滿心歡喜；看到「晶」，我們彷彿感覺到了星光滿天……

第二，漢字是意象性很強的意音文字。漢字源於象形文字，現代漢字絕大多數是由表音的部件與表意的部件組合構成，其意象性依然很強。說它意象性強，一是指絕大多數的漢字單字具有表意作用，字形和字義之間聯繫密切，具有明顯的直觀性和表意性。這是漢字成為世界上唯一能跨越時空的文字的根本所在。現在中國的兒童，仍能讀懂二千五百年前的東西，還能朗誦「夕我往矣，楊柳依依；今我來思，雨雪霏霏」（《詩經・采薇》），「鋤禾日當午，汗滴禾下土。誰知盤中飧，粒粒皆辛苦」（唐・李紳《憫農》）。現在中國的讀物，仍把漢樂府詩、唐詩、宋詞作為兒童的啓蒙材料。使用漢字的人常常能望文知義，就是由於絕大多數的漢字都有表意部件，部件的組合有較強的理據性，表意部件向人們傳達了特定漢字的義類所屬。比如，「析」由「木」和「斤（斧頭）」構成，「析」的本義就是「破木」，即用斧頭把木頭劈開，所以「析」也就有了「分開」的意思；平時我們說的「分析」，是個並列式的複合詞，「分」是「分開」之意，「析」也是「分開」之意。再如，「河」由「氵」和「可」構成，是「水道的通稱」，其中「氵」是表意部件，表示「河」跟水有關；「可」是表音部件，表示「河」的讀音與「可」相近。

說漢字的意象性強，還指漢字的形體特點鮮明，具有視覺圖形性，可以激發人的想像力。在中國，人們常常借助字形描繪事物形態。比如，「八」字眉，「田」字格，「米」字花，「工」字尺，「一」字領，「丁」字路口，「十」字勳章，「人」字形雁隊，「之」字形道路，「品」字形結構……生動形象，維妙維肖。漢字的視覺圖像性特點，使漢字的書寫具有了另一番情趣，書法、篆刻因此成為具有極高審美趣味和價值的藝術。

　　第三，漢字是語素—音節文字。音節是人的發音器官活動一次發出來的聲音單位，如「bān（班、般、搬）」、「xìng（幸、性、杏）」等；語素是語言中最小的音義結合體，如「我（聲音：wǒ；意義：第一人稱單數自稱）」、「東（聲音：dōng；意義：方向，太陽升起的一邊，與「西」相對）」。絕大多數情況下，一個漢字記錄的是一個音節，這個音節記錄一個意義，特定單字是特定聲音和特定意義結合構成的最小單位。最小，是不能再切分出更小的有音有義、音義結合的單位。前面所舉的例子，每個漢字都對應著一個音節，一個語素。

　　漢字和語素有三種對應關係：一種是一對一的關係，如「人」；一種是一對多的關係，如「好（hǎo，使人滿意的，與「壞」相對）」和「好（hào，喜愛，與「惡」相對）」；還有一種是多對一的關係，如「玻璃」、「巧克力」，幾個字在一起才記錄一個意義。第三種情況相對要少得多。

漢字與音節間有兩種對應關係：一種是一對一的關係，如「天（tiān）」、「山（shān）」、「真（zhēn）」、「誠（chéng）」；一種是二對一的關係，如「花兒（huār）」、「格兒（gér）」。

第四，漢字是類推性很強的文字系統。漢字的構成具有很強的規律性，大部分的字（形聲字）可通過形旁斷定其所屬大致義類，可舉一反三，進行類推性識記。比如，以「手」為構字部件的字，往往跟「手的動作」有關，如「打、拉、拍、抓、捏、托、扔、掃、撕、捧、推、拽、揣、掐、拿、攀」等。這些漢字由於都記錄「手」的動作而形成一個具有共同意符「扌」（構字時出現在字的左側）或「手」（構字時出現在字的底部）的「字族」。以「足」為構字部件的字，往往跟「腳的動作」有關，如「踢、踩、踏、踹、蹬、蹭、踮、蹺、跛、蹩」等。這些漢字由於都記錄「腳」的動作而形成一個具有共同意符「足」的「字族」。樹木類的字族常常有共同的意符「木」，如「楊、柳、松、柏」；莊稼類的字族常常有共同的意符「禾」，如「稻、稼、秕、稗」。依此類推，漢字便具有了很強的系統性。

第五，單個漢字不固定地與某個音節掛鉤。由於漢語語素數量多，音節形式少，所以儘管漢字與語素基本上一一對應，形聲字可通過聲旁確定音類或大致讀音，但單個漢字並不固定地與某個音節掛鉤，一般不能通過字形判斷一個漢字的具體讀音。這一方面表現為一個音節對應著若干漢字，如mó對應著「磨、魔、摩、蘑、模、膜、饃、嫫」等字；另一方面表

現為一個漢字可能對應著不止一個讀音，如「和」有六個讀音：第一個是hé，如「和氣、和睦，我和你」；第二個是hè，如「附和、和詩、一唱一和」；第三個是huó，如「和麵、和泥」；第四個是huò，如「和弄、三和水、（茶洗了）兩和」；第五個是hú，如「（麻將）和了」；第六個是輕聲huo，如「暖和、熱和」。

漢字的這一特點，恰好適應了中國人多地廣、方言眾多、語音分歧明顯的特點，使漢字具有了通古今、超方言的效能。自秦始皇以來，中國文化的最大特點之一是「書同文」，消除方言隔閡、維護國家統一是漢字的一大貢獻。

第六，漢字不實行分詞連寫，不顯示詞的界限。漢字記錄漢語，通常是按線性順序由左至右排列，而不像拼音文字嚴格實行分詞連寫。漢字自古是從右向左自上而下豎寫，二十世紀二十年代至四十年代少部分報刊雜誌開始採用橫版自右向左橫寫；中華人民共和國建立後，才實行由左至右的書寫方式。

漢字歷史悠久。早在距今六千年的仰韶文化時期，就出現了刻畫符號。考古發現的刻畫符號總計五十多種，不但整齊規範，而且呈現出一定的規律性，具備了簡單文字的特徵。商代初期（約公元前1600年），漢字進入字符積累階段；商代中期（約公元前1300年），漢字成為具相當規模的文字體系。今天我們能看到的最早成體系的漢字資料，就是甲骨文。

漢字一直到漢代才有「漢字」這個名稱。由商代甲骨文到周代金文，

再到秦代小篆、隸書，至隋、唐楷化爲今天的標準字體──楷書，漢字的字形和字體逐步規範化、穩定化。小篆、隸書使每個漢字完全線條化，筆劃數也固定下來，隸書形成了新的筆形系統──扁方形，楷書使漢字的字形徹底固定下來，基本筆劃「橫、豎、撇、點、折」得到確定，每個字的筆劃數、筆順也固定了下來。

早期的漢字中，象形字較多；後來，形聲字不斷增多。據統計：甲骨文中形聲字約佔百分之二十七，《說文解字》中形聲字佔百分之八十以上，現代漢字中形聲字佔百分之九十以上。漢字的演變，經歷了由表意爲主向意音兼顧過渡的過程。

漢字字數究竟有多少，至今沒有確切答案。東漢末年，文字學家許慎的《說文解字》（以下簡稱《說文》）收字9353個（包括1163個重文，即異體字），宋代司馬光《類篇》收字31319個，清代《康熙字典》收字47000多個，近代《中華大字典》（1915年）收字48000多個，現代《漢語大字典》（1990年）收字54678個，《中華字海》（1994年）收字85000多個。據最新統計，北京國安諮詢設備公司漢字字庫收字91251個，字數之多令人咋舌。所幸上述字書或字庫所收漢字絕大部分已是現代書面語中廢置不用的「死字」，現代日常使用的漢字也就六七千個。而且，它們的使用頻率分佈極不均勻。有統計顯示，使用頻率居前1000位的漢字覆蓋了約百分之九十二的書面材料，居前3000位的漢字覆蓋率達百分之九十九，而且居前1000位漢字的使用率約爲居第1001至第3000位漢字的二十六倍。1988

年1月，中國國家語言文字工作委員會和國家教育委員會（今教育部）聯合發佈了《現代漢語常用字表》。該表收字3500個，分常用字（2500個）和次常用字（1000個），其中常用字覆蓋率百分之九十七**點**七，次常用字覆蓋率百分之一**點**一五。由此可見，只要掌握了2500個常用漢字，基本可以輕鬆、順暢地閱讀絕大部分的漢字作品。

《說文·敍》曾如此評點文字的作用：「文字者⋯⋯前人所以垂後，後人所以識古。」漢字的作用，可概括爲三方面：一是在中華文化的傳承方面，作用卓著；二是在消除民族隔閡、維護國家統一方面，功不可沒；三是在弘揚中華文化、促進漢字圈文化發展和世界文明進步方面，貢獻巨大。

目前，在使用漢語的地區，漢字有兩種規範的書寫形式：中國大陸、新加坡和東南亞華人地區，使用的是簡體中文；中國港、澳、台地區以及其他國家的華人地區，使用的是繁體中文。

提到漢字，很多人都感覺它比拼音文字難認、難讀、難寫、難記。新中國建立後，中國政府曾兩度嘗試簡化漢字，分別於1964年、1977年頒佈了《簡化字總表》、《第二次漢字簡化方案（草案）》（1986年停止使用）。其實，早在二十世紀七十年代，便有學者發現：用聯合國五種工作語言的文字撰寫的同案卷宗，中文本最薄。近三十年來，隨著電腦的普及和網路的應用，中國人陸續發明了各種漢字輸入法，漢字經歷了單字輸入、詞語輸入、整句輸入幾個階段，輸入速度大大提高。被中國語言學界

尊爲「漢語言學之父」的趙元任先生曾做過用英語、漢語背誦乘法口訣的速比實驗，結果漢語用時三十秒，英語用時四十五秒。如今，又有人拿名篇進行等意比較：《我有一個夢》（馬丁·路德·金），英文9915個字符，約1983個單詞（每個單詞按5個字符算，含標點符號、空格等。下同）；中文2665個字符，2370個字。《在蓋茨堡的演講》（林肯），英文1444個字符，約289個單詞；中文543個字符，501個字。《爲人民服務》（毛澤東），英文2723個字符，約545個單詞；中文770個字符，685個字。《荷塘月色》（朱自清），英文2122個字符，約424個單詞；中文612個字符，538個字。使用四筆鍵入的五筆輸入法，或有聯想記憶功能的拼音輸入法，漢字的全篇輸入速度明顯在英文之上。這些數據說明：與拼音文字比，現代漢字有其不足，更有其優勢。

漢字意象性強、常用字集中、同音異義字字形差別明顯、書寫形式便於整體認知。漢字作品在感知、理解等方面都具有較高的速度和效率，能夠實現閱讀速度、理解速度、記憶速度的協調發展。漢字是一種複腦文字，學習、使用漢字，不只是掌握了一套書寫符號，更是擁有了一種促進大腦兩半球積極活動的工具。

總之，漢字是一項偉大創造。它穿越時空，貫通古今，有人將它稱作神奇的東方魔塊，有人把它譽爲中華民族的「第五大發明」。看完這本書，相信你也會認同這些說法的。

目　錄

中國漢字

①

漢字的組配構架

▌ 依次來切分，部件是核心

很多人童年時都搭過積木。看著自己用一塊塊積木搭建出的房子、汽車、軍艦、機器人……心裏會特別高興。我們一筆一畫寫出的一個個漢字，就像我們用一塊塊積木搭建的積木「作品」，也可以拆卸、組裝；組配每個漢字的「零配件」也有大有小，順序有先有後；只不過漢字的「零配件」是固定的，配件之間的組配順序也是固定的，組配要求更高，程序更嚴格，規律性更強。（圖1-1）

漢字的組配，就是漢字的結構，就是漢字的構造方式。我們從大到小

圖1-1 「汉字」

「汉」「字」也可以拆卸、組裝，「汉」由偏旁「氵」和「又」組成，「字」由偏旁「宀」和「子」組成；「汉」「字」便可以分別拆卸為「氵」和「又」、「宀」和「子」。「氵」由三個筆劃（兩個點和一個提）組成，它也可以拆卸為兩個點、一個提。同理「又」「宀」和「子」也由不同筆劃組成，也可以拆卸為相應筆劃。

3

分解一個漢字的字形，得到的通常是整字→部件→筆劃。爲方便識記和陳述，我們先從筆劃開始說起。

筆劃（圖1-2）、（圖1-3）是構成漢字字形的點和線，是漢字字形結構的最小單位。寫漢字時，從落筆到抬筆就叫一筆或一畫。比如，「一」這個

　　　　横　　　　　　　豎　　　　　　　撇　　　　　　　捺　　　　　　　折

圖 1-2　漢字常用筆劃「横、豎、撇、捺、折」

笔画	名　　称	例字		笔画	名　　称	例字		笔画	名　　称	例字
1	一 横	大	11	⌐ 横钩	你	21	亅 弯钩	了
2	丨 竖	十	12	ㄴ 竖弯钩	元	22	乙 横折弯钩	九
3	丿 撇	八	13	ㄥ 撇折	去	23	ㄥ 竖弯	四
4	丶 点	主	14	ㄴ 竖提	良	24	乙 横折弯	没
5	ㄱ 横折	口	15	ㄴ 竖折	山	25	ㄅ 横折折折钩	仍
6	㇏ 捺	人	16	㇀ 撇点	女	26	ㄟ 横斜钩	凰
7	㇀ 提	地	17	ㄅ 竖折折钩	弟	27	ㄋ 横折折撇	及
8	㇆ 横折钩	月	18	㇂ 斜钩	我	28	ㄣ 竖折撇	专
9	亅 竖钩	小	19	㇌ 横撇弯钩	那	29	ㄋ 竖折折	鼎
10	㇇ 横撇	水	20	㇉ 横折提	课	30	乙 横折折	凹
							31	ㄅ 横折折折	凸

　　圖 1-3　漢字筆劃名稱表

字，只有一筆；「二」有兩筆，「十」也有兩筆；「三」有三筆，「大」也有三筆。筆劃的具體形狀稱筆形。筆形不同，構成的漢字就會不同。如「九」和「力」都是兩筆構成，其中一筆筆形不同，構成的就是這兩個不同的字。

傳統的漢字基本筆劃共有八種，名稱是：點、橫、豎、撇、捺、提、折、鉤。漢字的「永」字正好涵蓋了這八種筆劃的寫法，相傳東晉大書法家王羲之曾用幾年時間專門練習寫「永」字。他認為，「永」字具備了楷書的八法，寫好了這個字，就能寫好所有的字。後來，他的孫子將此法傳

圖1-4　永字八法

「永字八法」是中國古代書法家在長期的書法實踐中總結出來的依「永」字的筆劃順序概括出的八種楷書筆劃用筆方法。具體是：點為側，橫為勒，直豎為努，鉤為趯，仰橫為策，長撇為掠，短撇為啄，捺筆為磔。

給弟子：如此這般，經過很多代書法家的口耳相傳，「永字八法」（圖1-4）便流傳了下來。

筆劃之間主要有三種組合方式。一種是相離的關係，如「心」；一種

圖1-5　漢字「心」、「山」、「木」

是相接的關係，如「山」；一種是相交的關係，如「木」。（圖1-5）

每個漢字由哪些筆劃構成，由多少筆劃構成，都是固定的。筆劃數不同，構成的漢字一定不同。比如，「一」、「二」、「三」分別由一

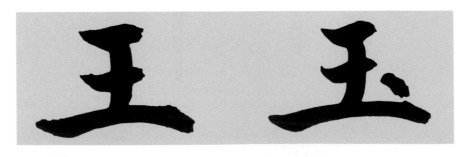

　圖1-6　漢字「王」和「玉」

橫、兩橫、三橫構成，它們是三個不同的字；再如「王」和「玉」（圖1-6）、「乌」和「鸟」、「乂」和「义」，都是只有一「點」之差：少一「點」，就是「王」「乌」「乂」；多一「點」，就是「玉」「鸟」「义」。

因此，學習漢字、書寫漢字時，一定要特別注意它的筆劃，既不能多寫，也不能少寫。否則，往往會寫成「別字」（其他的字）。比如，把「大」寫成「太」或「犬」，把「尤」寫成「龙」，是多寫了一筆；把「睛」寫成「晴」，把「兔」寫成「免」，把「竟」寫成「竞」，是少寫了一筆。或者寫出「錯字」（根本不存在的字），比如把「紙」寫成「紙」，把「步」寫成「步」，把「县」寫成「県」，是多寫了一筆；把「具」寫成

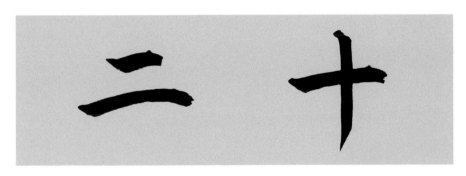

圖 1-7　漢字「二」和「十」

「具」，把「低」寫成「低」，把「省」寫成「省」，是少寫了一筆。

此外，即使筆劃數相同，筆劃的形狀不同，構成的漢字也會不同，比如，「二」和「十」，都是兩筆構成，但「二」由兩橫構成，「十」由一橫、一豎構成（圖1-7）；「三」和「大」，都是三筆構成，「三」由三橫構

圖1-8　漢字「三」和「大」

成，而「大」由一橫、一撇、一捺構成（圖1-8）。

　　更有甚者，即使筆劃數相同，筆劃的形狀相同，但筆劃的長短不同，或者筆劃之間的結構方式不同，構成的漢字也會有所不同。比如，「土」和「士」，都是三筆，都由兩橫、一豎構成，但「土」的兩橫，是上橫短、下橫長，而「士」的兩橫，則是上橫長、下橫短。再如，「人」、「八」、「入」，都是兩筆，都由一撇一捺構成，而且都是先撇後捺，但「人」

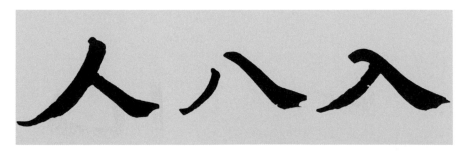

圖1-9　漢字「人」、「八」、「入」

和「入」的撇和捺是相交的，「八」的撇和捺是不相交的；至於「人」和「入」，「人」是撇長捺短，「入」則是撇短捺長。（圖1-9）

　　了解和把握漢字筆劃的有關知識，不僅可以幫助我們正確、美觀地書寫漢字，還可以幫助我們快速、有效地檢索、編排一些文字材料，甚至可以幫助我們更好地進行電腦漢字輸入。很多工具書的編纂，都有筆劃索引這種檢索方式。要編製一份名冊，除了按姓名音序排序，還常常按姓名筆劃來編排。如今，電腦成爲人們工作、生活的好幫手，王碼五筆、智能五筆、萬能五筆等漢字輸入法爲準確、高速地輸入漢字立下了汗馬功勞。這些輸入法都是根據漢字的字形結構創製的；要使用這些輸入法，就要熟悉漢字的結構，具體到構成每個字的筆劃、筆劃數等。

　　部件，舊稱「偏旁」，是由筆劃組成的構字單位。部件介於筆劃和整字之間，是由筆劃構成的大於或等於筆劃、小於或等於整字的結構單位。大多數部件通常由至少兩個筆劃構成，比如「人」由兩個筆劃構成，「个」由三個筆劃構成，「凸」由五個筆劃構成；個別部件由一個筆劃構成，比如漢字的「一」、「乙」，只有一個筆劃，它們既是筆劃又是單字，可以作爲構字部件構成另一個字，如「一」和「日」組合構成「旦」，「乙」和「亻」組合構成「億」。（圖1-10）

圖1-10　漢字「旦」和「億」

　　從不同角度，可將部件分爲不同類型。著眼於構成部件的筆劃的特

9

點，可將部件分爲單筆部件和多筆部件，如「旦」是由多筆部件「日」和單筆部件「一」構成的。著眼於能否單獨成字，可將部件分爲成字部件和非成字部件，能夠單獨構成單字的就是成字部件，如「口」、「十」「丑」；不能單獨構成單字的就是非成字部件，如「冫」、「刂」、「宀」。著眼於能否切分爲更小的部件，可將部件分爲單一部件和複合部件，如「件」由兩個單一部件「亻」和「牛」構成，「翔」由單一部件「羊」和複合部件「羽」構成，複合部件「羽」又由兩個相同的單一部件

圖1-11　漢字「件」和「翔」

「习」構成。（圖1-11）

　　絕大多數的部件在構字時都有表意作用，表示所構漢字的大致義類。比如，「冫」旁的字多與「水」有關，如「江、河、海、湖、淋、沐、浴、淚、流、酒、油」；「冫」旁的字多與「冰凍、凝結」有關，如「冰、涼、冷、凍、凌、冽、凝」；「亻」旁的字多與「人」有關，如「僕、仙、仕、俘、傭、儒、位、倌」；「言」旁的字多與言語活動有關，如「說、論、語、討、談、請、誦、訂」；「礻」旁的字多與祭祀、神道有關，如「祝、祈、禱、神、禮、祠、祀、禪、祥」；「衤」旁的字

多與衣物有關，如「被、補、褲、襯、衫、襪、裙、袖」；「爪」字旁或「爪」字頭的字多與手的動作有關，如「爬、笊、采」；「瓜」字旁的字多與瓜果有關，如「瓣、瓢、瓤」。

下面是漢字中常見的部分部件：

部件	名稱	例字	部件	名稱	例字
氵	三點水	沐、滬	冫	兩點水	冰、冷
亻	單人旁	你、們	人	人字頭	全、拿
訁	言字旁	計、論	刂	立刀旁	別、制
礻	示字旁	祝、福	衤	衣字旁	被、褲
扌	提手旁	打、接	彳	雙人旁	行、很
王	提王旁	玻、璃	土	提土旁	地、塊
目	目字旁	睛、盯	日	日字旁	明、晴
广	广字頭	底、庄	疒	病字頭	疼、病
火	火字旁	煙、燒	木	木字旁	林、極
宀	寶蓋頭	家、室	冖	禿寶蓋	冗、軍
阝	雙耳刀	都、部	卩	單耳刀	卻、卸
辶	走之底	這、邊	廴	建字旁	延、建
艹	草字頭	花、草	米	米字旁	粒、料
十	十字底	華、畢	父	父字頭	爸、斧
金	金字旁	錯、鐵	攵	反文旁	故、致
犭	反犬旁	狼、狗	糸	絞絲旁	級、繼
古	古字旁	胡、故	戶	戶字頭	房、啟
心	心字底	思、想	忄	豎心旁	怕、快
爫	爪字頭	愛、受	勹	包字頭	包、旬
冂	同字框	同、網	門	門字框	問、閃

11

圖 1-12　筆劃數較多的一個漢字（陳治國製）

了解、記住漢字的構成部件，有助於我們更好地理解、記憶、書寫漢字。曾有專家對漢語水平考試用書《漢語水平詞彙與漢字等級大綱》中二千九百零五個常用漢字作過分析，拆分出五百一十五個基礎部件，它們被反覆使用，參與構成的字數在五個以上的佔百分之五十七點四八。熟悉了這些基礎部件，學習漢字就可以事半功倍。

整字是一個完整的漢字。整字由筆劃或部件構成。有的整字由筆劃或單一部件構成，如「一、乙、人、十、心」，其中「一、乙」都由一筆構成，「人」「十」由兩筆構成，「心」由三個點和一個斜彎鈎四筆構成。由筆劃或單一部件構成的漢字是「單體字」或稱「獨體字」。

有的漢字由部件構成，部件可能是單一部件，也可能是複合部件。如「众、間、霜、逛、磨」，「众」由三個單一部件「人」構成；「間」由單一部件「門」和「日」構成；「霜」由單一部件「雨」和複合部件「相」構成，「相」又由單一部件「木」和「目」構成；「逛」由單一部件「辶」和複合部件「狂」構成，「狂」又由兩個單一部件「犬」和「王」構成；「磨」由複合部件「麻」和單一部件「石」構成，「麻」又由單一部件「广」和複合部件「林」構成，「林」再由兩個單一部件「木」構成。由部件和部件構成的字是「合體字」。

　　漢字中有些字筆劃很多,有的多達四、五十筆。中國陝西有一種名為 biángbiáng麵的麵條,這個biáng字就有四十二筆。(圖1-12)民間有個字謎專門說它:

　　一點飛上天,黃河兩道彎,八字大開口,工字裏面走。

　　左一扭,右一扭,中間來了個言婆婆。

　　左一長,右一長,中間坐了個馬大王。

　　心字底,月字旁,留道金鈎掛馬塘,推著車子逛咸陽。

　　今天,該字只在《康熙字典》中可查到。

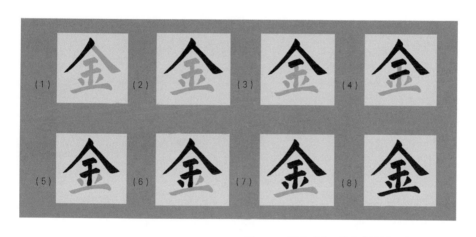

圖 1-13　漢字「金」的書寫筆順(陳治國作品)

　　分析漢字的結構,就是要搞清一個字由哪些筆劃或部件構成,這些「零配件」是怎麼組配到一起的。這除了需要確定一個漢字的筆劃和部件外,還需要了解這些筆劃、部件書寫時的走向和順序,即一個漢字應先寫哪一筆,後寫哪一筆;每一筆由哪兒起筆,到哪兒落筆。書寫漢字時筆劃的走向和先後順序,就是「筆順」。例如,「金」由八筆構成,八筆的先

13

	漢字規則		例字	筆畫順序
基本規則	先橫後豎		十	一丨
	先撇後捺		人	丿八
	從上到下		亐	一一ㄅ
	從左到右		孔	ㄱ丨ㄥㄴ
	先裡後外		月	丿ㄱ一一
	先外後裡再封口		日	丨ㄱ一一
	先中間後兩邊		小	丨丿丶
補充規則	帶點的字	點在正上及左上先寫點	门	丶丨ㄱ
		點在右上後寫點	犬	一丿八丶
		點在裡面後寫點	瓦	一乚乁丶
	兩面包圍結構的字	右上包圍結構，先外後裡	勹	丿ㄱ丶
		左上包圍結構，先外後裡	庆	丶一丿一丿八
		左下包圍結構，先裡後外	近	丿丿一丨丶乀
	三面包圍結構的字	缺口朝上的，先裡後外	击	一一丨凵丨
		缺口朝下的，先外後裡	内	丨ㄱ丿八
		缺口朝右的，先上後下再左下	区	一丿八乚

　　圖 1-14　漢字筆順規範圖表

後順序（圖1-13）是：撇、捺、橫、橫、豎、點、撇、橫。

筆順是人們在長期使用漢字的過程中逐漸固定下來的書寫習慣和規範。筆順的一般規則是：

1.先橫後豎。如：十、井。

2.先撇後捺。如：人、入。

3.先橫後撇。如：厂、大。

4.從上到下。如：三、空。

5.從左到右。如：一、川。

6.從外到內。如：月、同。

7.先進後封。如：國、因。

8.先中間後兩邊。如：小、水。

筆順還有補充規則。（圖1-14）多數漢字的寫法是上述規則的綜合運用。寫漢字時講究筆順，既可使我們的書寫更便捷，也可使我們的書寫更美觀。

▌象形字唱戲，「鸟」「鸟」比高低

剛學習「鸟」字時，老師告訴我們：「鸟」的那一「點」就是牠的眼睛。學習到「鸟」字時，不由得產生疑問：「鸟」也是鸟，牠為什麼沒有「眼睛」呢？

說來話長。從漢字構造的角度看，「鸟」和「鸟」都是象形字。它們的小篆

圖 1-15「鸟」與「鸟」字形對比

形體非常接近，楷體只有一「點」之差。（圖 1-15）

據說，「鸟」之所以沒有眼睛，是由於「鸟」表示的是「烏鴉」。烏

鴉通體黑色，牠的黑眼睛就不像其他鳥類的眼睛那麼明顯，所以「乌」寫起來就不帶「眼睛」。而「鸟」是指烏鴉以外、羽毛是其他顏色的鳥，由於羽毛是其他的顏色，黑眼睛看上去就特別明顯，所以「鸟」寫起來就帶著「眼睛」。

圖 1-16 象形漢字「竹」

有人會問：什麼是象形字呢？要明白什麼是象形字，需要明白什麼是象形造字法。如此，很多形近字就容易區分了。

象形造字法是古代漢字的造字法之一，它是通過描摹、勾畫要記錄的語言單位所要表達的事物對象的外形來構造漢字的方法。用象形造字法構造的字就是象形字。比如，小篆的𤲟（馬）看上去很像一匹揚鬃奮蹄的馬；𤋳（魚）很像一條頭、身、尾俱備的游魚；艸（竹）勾畫的是兩根突出竹葉特徵的竹子（圖1-16），門（門）勾畫的是左右並立的兩扇門。

早期的漢字中，象形字較多。象形字源於圖畫文字，它的直觀性、形象性特別強，看到字形人們往往就能聯想到它記錄的具體事物。比如，古文字的「人」像一個側面而立的人，「水」像水流的形狀，「龜」像一隻在爬行的烏龜，「瓜」像瓜蔓下結著一隻瓜。（圖1-17）

象形字描繪的往往是有形可循、有形可依的事物對象。風、雨、雷、電等自然現象，動物、植物、人物及其身體器官，人們的生活、勞動工具等等，具體可感，所以漢字中記錄這些事物對象的字多數是象形字。（圖

17

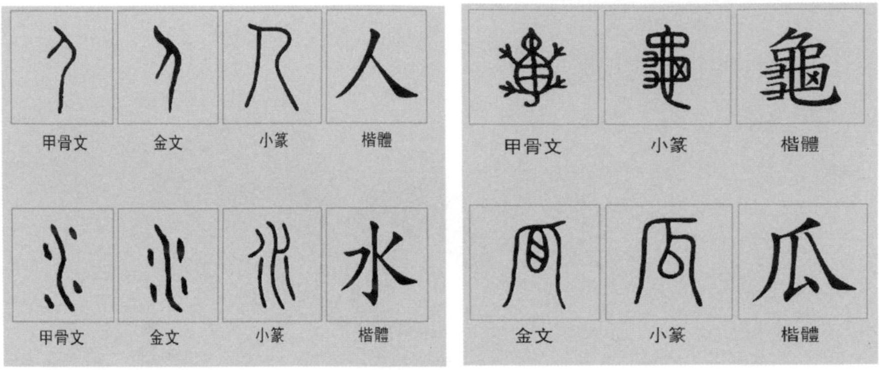

圖 1-17「人」、「水」、「龟」、「瓜」的古文字形和現行字形

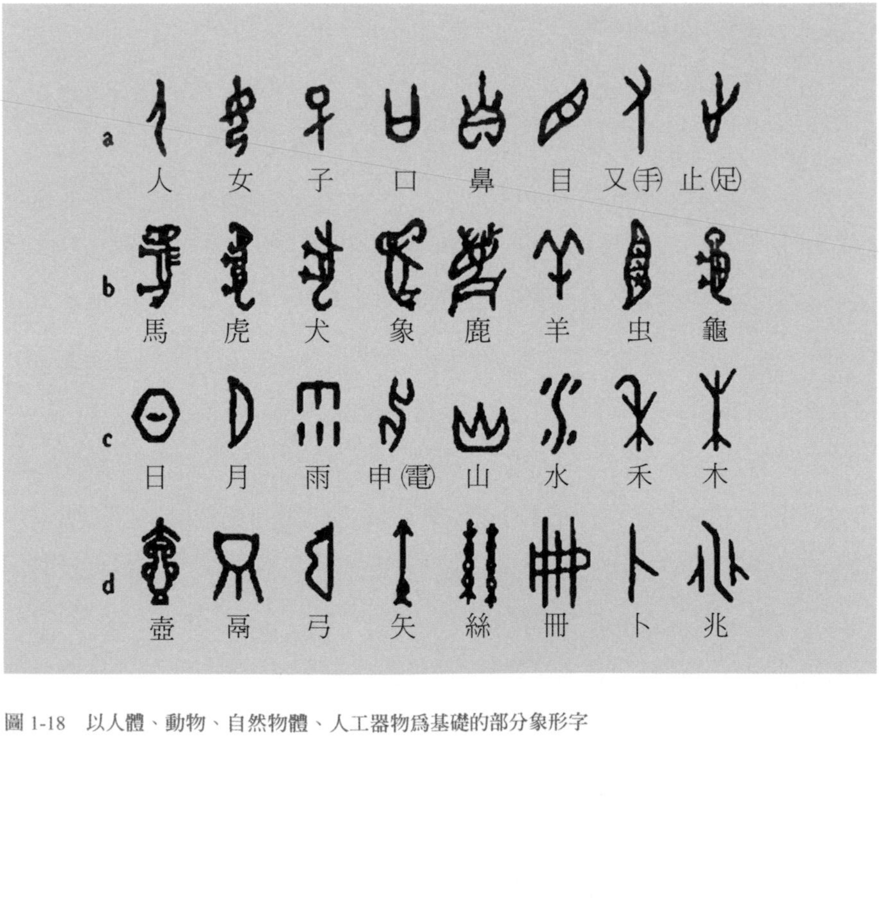

圖 1-18 以人體、動物、自然物體、人工器物爲基礎的部分象形字

1-18）

圖表1-18中a行是有關人體的，b行是有關動物的，c行是有關自然現象的，d行是跟生活、勞動有關的。它們都是象形字，不難看出字形跟所記錄的實際事物之間相似度很高。

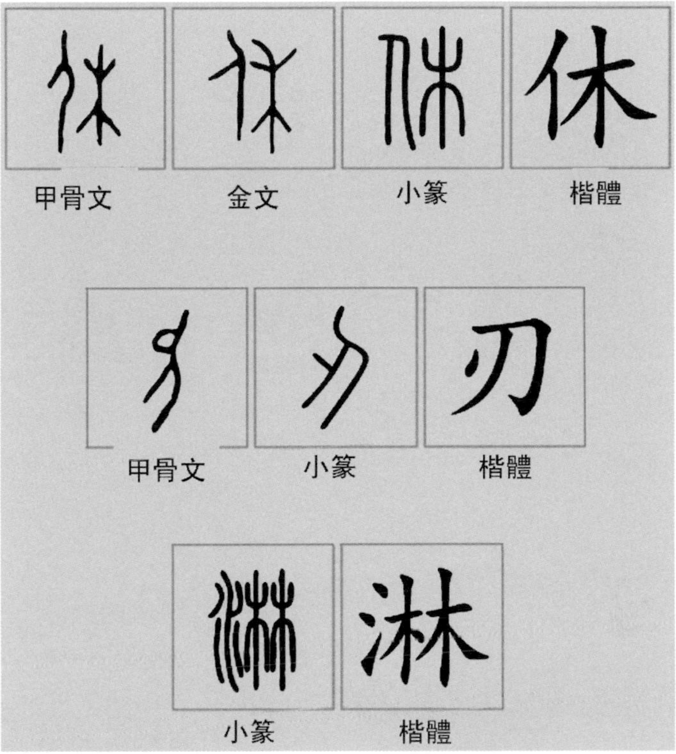

甲骨文　　　金文　　　小篆　　　楷體

甲骨文　　　小篆　　　楷體

小篆　　　楷體

圖 1-19　會意字「休」「刃」「淋」

　　象形字是漢字的造字基礎。很多非象形字都是在象形字基礎上形成或以象形字為構字部件構成的。比如，「休」由象形字「人」和「木」構成，「刃」由象形字「刀」和指示性符號「、」構成，「淋」由象形字「水」和「林」構成。（圖1-19）

　　中國境內，至今還存在著兩種純粹的象形文字系統，它們就是中國西南部納西族的東巴文（圖1-20）和水族的水書（圖1-21）。

　　據考證，東巴文和水書是目前世界上僅存的仍在使用的象形文字系統。如今，它們成為了藝術家創作的源泉之一。（圖1-22）（圖1-23）

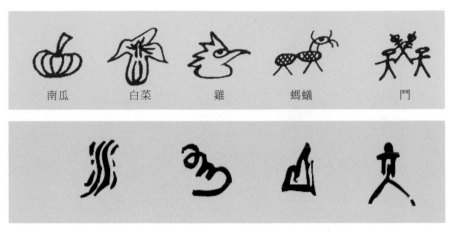

（上）圖 1-20　東巴文「南瓜」、「白菜」、「雞」、
「螞蟻」、「鬥」

（下）圖 1-21　水書「水長山高」

由於有些實體事物不易勾畫，抽象事物無法勾畫，象形造字法在構成記錄上述事物的單字時便存在較大的局限性，這也是在眾多漢字中象形字數量有限的根本原因。爲克服象形造字法的局限，其他的造字法應運而生。

說到造字法，就不能不提「六書」理論。「六書」是中國漢族的先民們在創製、使用漢字時用到的六種方法——象形、指事、會意、形聲、轉注、假借。

　　圖 1-22　以東巴文爲創作元素製作的酒瓶

圖 1-23　古篆書法《東巴印象》(馬子愷作品)

圖1-24　許慎像

許慎，字叔重，東漢著名的文字學家、經學家。歷經21年著成我國第一部說解漢字的原始形體結構、考究其來龍去脈的文字學專著《說文解字》。

「六書」的概念最早出現於《周禮》中，但《周禮》對「六書」並無說明；直到許慎（約58—約147）（圖1-24）著《說文解字》（圖1-25），才首次對「六書」理論進行了詳細闡述，並運用該理論對漢字展開全面考察，系統總結了古漢字的構造規律。

「六書」理論對漢字學家釋讀漢字、語文教育家用漢字教學，產生了極大的影響。十九世紀，西歐學者發現了五千五百多年前的兩種古文字，古巴比倫的楔形文字（圖1-26）和古埃及的聖書字（圖1-27）。文字學家根據六書原理，將楔形文字、聖書字跟漢字進行比較，結果發現這幾種文字雖然外形迥異，內在結構上卻表現出極高的一致性。「六書」具有普適性之說（「六書」不但能說明漢字的構造原理，也能說明其他表意文字的構造

圖1-25　《說文解字》拓本

圖 1-26　古巴比倫的楔形文字　　　　　　　　　　　　　　　　圖 1-27　古埃及的聖書字

原理），得到了文字學家的認同。

▌指事法了得，說「上下本末」

對認識漢字的人來說，「上」、「下」、「本」、「末」是再簡單不過的漢字。雖然「上」與「下」、「本」與「末」意義相反相對，然而它們的構造方式卻完全相同，它們都是指事造字法構成的字，同屬指事字。

什麼是指事造字法，什麼是指事字呢？指事造字法是用象徵符號或在象形字上增加指示性符號（對所記事物的典型或突出特徵給出指示性標記）等手段構成漢字的方法。此法造出的字就是指事字。

就以「上」、「下」、「本」、「末」為例。先看「上」。「上」的甲骨文、金文、小篆字形分別是：（圖1-28）

甲骨文的「上」與金文的「上」形體很相近。唯一不同的是甲骨文中

圖 1-28　甲骨文、金文、小篆的「上」

下面的那條線是弧線，金文中是直線。「上」字就是用象徵符號造出的指事字。下面的那條線，表示「地面」；它上面的短橫，是指示在它之上，即在地面之上。小篆的「上」，字形上作了美化，字的構造並無改變。

　　再看「下」。「下」在甲骨文、金文、小篆中的字形分別是：（圖1-29）

圖 1-29　甲骨文、金文、小篆的「下」

　　「下」與「上」字形正好相反。有「上」對照，「下」的構造原理很容易理解。

　　「上」和「下」都是由純象徵性的符號構成的。抽象的意思不容易用符號精確地表示出來，所以漢字中指事字並不多，甚至比象形字還要少。漢字中「一、二、三、四」都屬於這種由純象徵性符號構成的指事字。甲

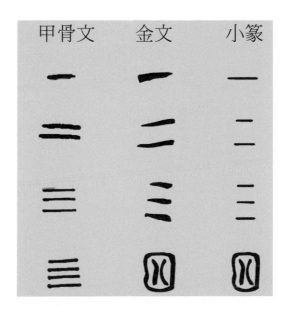

圖 1-30　甲骨文、金文、小篆的「一」、「二」、「三」、「四」

25

骨文的「一、二、三、四」就是分別用一條線、兩條線、三條線、四條線表示；金文、小篆的「四」字形發生變化，成爲現行漢字「四」的前身形體。（圖1-30）

「上、下、一、二、三、四」代表的是指事字的構造類型之一，純抽象符號構成的指事字，這種指事字被稱作「獨體指事字」或「純體指事字」。與此相對的是合體指事字和變體指事字。

合體指事字又稱「加體指事字」，是在象形字上增加指示性符號構成的漢字。例如，「本」「末」「甘」「刃」「亦」「寸」等。

先來看「本」。「本」的本義（有文字記載的最早意義）是「草木的根」。《說文》釋義：「木下曰本。從木，一在其下。」「本」的金文、小篆字形分別是：（圖1-31）

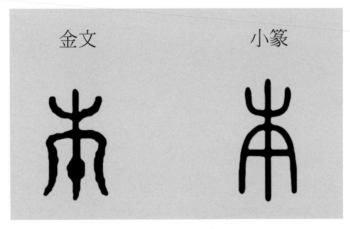

圖1-31　金文、小篆的「本」

金文的「本」中，「木」的根部有加粗加黑的一「點」；到了小篆，主幹根部的「一」豁然顯現。小篆的「本」由「木」和「一」構成，「從木，一在其下」。「一」標示之處，就是「本」所表示樹木的根本之處。沒了根，樹木就無法成活，故根爲木之本，由此「本」才有了引申義「重要的」。「本」是給象形字「木」的下部增加指示性符

26

號（一橫）構成的，是個合體指事字。

「末」與「本」意義相反，字形也呈相對態勢。「末」的金文、小篆字形是：（圖1-32）

《說文》釋義：「木上曰末。從木，一在其上。」金文的「末」中，「木」上的一「點」也很明顯；到了小篆，「木」上的

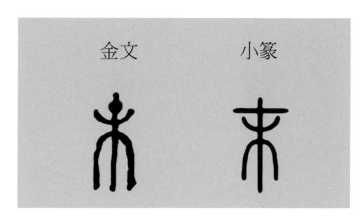

圖 1-32　金文、小篆的「末」

短橫誇張性地增長了很多。這個字由「木」和「一」構成，不同於「本」的是，「末」中的「一」是在「木」的最上面，標示「木」的末梢部位，即「末」所表示的樹木的末梢之處——樹梢。樹梢對於樹木來說無足輕重，無關存亡，「末」由此引申出了「次要、非根本、無足輕重」、「卑微、微不足道」等義。漢語成語「本末倒置」，說的就是顛倒了重要的和不重要的、主要的和次要的、根本的和非根本的關係，沒重視該重視的「本」，反倒重視了無需重視的「末」。「末」是給象形字「木」的上部增加指示性的符號（一橫）構成的，也是合體指事字。

清代文字大家段玉裁的《說文解字注》中對「本」和「末」的構造原理解釋得非常清楚：「本、末皆於形得義。其形一從木、⊥，一從木、丁，而意即在是。」

再來看「甘」。「甘」的金文、小篆字形是：（圖1-33）

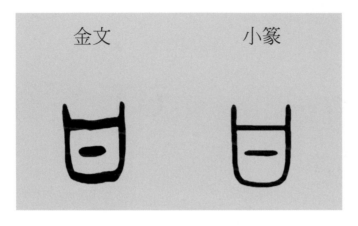

金文　　　　小篆

圖 1-33　金文、小篆的「甘」

「甘」本義「味美」，《說文》釋義：「美也。從口含一。」「口」是嘴的象形，中間一橫是指示口中所含食物。可以含在口中的食物往往是甜的、美的，所以「甘」記錄的就是口中滋味之美。「甘」字是給象形字「口」增加指示性的符號（一橫）構成，同樣是合體指事字。

此外，「刃」（刃）是在象形字「刀」的刀口處加一點，表示鋒利之處；「亦」（亦）是在象形字「大」（正面張開雙臂的「人」）的兩腋處各加一點，表示人的腋下之處；「寸」（寸）是在象形字「手」的下手腕一寸處加一橫，表示下手腕一寸處的部位。中醫講究「望、聞、問、切」，「切」便是切脈、把脈，中醫把距離手腕一寸處的部位稱作「寸口」，簡稱「寸」。「刃、亦、寸」都是在象形字上增加符號構成的，都是合體指事字。

變體指事字是通過變易（改變一個象形字）手段構成的漢字。變易通常表現為字形、筆劃或部件位置的改變，如改變整字或部分的形體方向（左右相反或上下相倒），減省筆劃、只取部分字形以表示抽象意義。變易建立在特定象形字的基礎上，變易後構成的字通常表示某一相關的意義。「乏、北、匕、比、司」等即屬此類字。

來看一下「乏」的金文、小篆字形：（圖1-34）

圖1-34 金文、小篆的「乏」

　　《說文》釋義：「反正爲乏。」段玉裁《說文解字注》注釋：「不正則爲匱乏。二字相向背也。禮受矢者曰正。拒矢者曰乏。」由此可以確定，「乏」是「正」的反寫。

　　再看「北」：（圖1-35）

　　《說文》釋義：「乖也。從二人相背。」乖，就是相背違的意思。「北」由兩個相背的「人」構成，通過一「人」反寫構造成字，據此可以斷定「北」是個變體指事字。

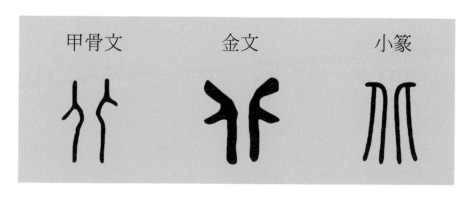

圖1-35 甲骨文、金文、小篆的「北」

此外，倒寫「人」成「匕」，反寫「从」爲「比」等，便是改變整字的方向構成新字，都是變體指事字。

下列字，是通過改變象形字部分形體的方向表示抽象意義構成的變體指事字：

夭（yāo，夭）：從大，通過改變「大」的部分形體，示意人頭部傾側之形，表「屈」之意。

夨（cè，夨）：從大，通過改變「大」的部分形體，示意人頭部傾斜之形，表「傾頭」之意。

世（shì，世）：三十年爲一世。從卅，通過拖長「卅」左邊筆劃表示「三十年」之意。

下列字，是通過截取象形字的部分形體表示抽象意義構成的變體指事字：

片（片）：從半木，表「判木（將木一分爲二）」之意。

夕（夕）：從月半見，表「莫（暮，天黑）」之意。

指事造字法能表示抽象意義，較之象形造字法已有很大進步。然而，用象徵性符號表示抽象意義並非易事，指事造字法仍存在很大局限，這是從古到今指事字不多的根本原因。

▍會意效率高，「籴」「粜」須記牢

中國有句古話：民以食爲天。食由何來？能自給自足的，當然是自家地裏產出的。不能自給自足的，就得去市場、商店買回來。有買的，自然就有賣的。今天，說「買點米麵」、「賣點糧食」，意思清楚明瞭。在中國，針對糧食買賣，有一對專用漢字——「籴（dí）」和「粜（tiào）」。買進糧食或賣出糧食，究竟哪個是「籴」哪個是「粜」呢？相信有點漢字基礎的人都能猜到，買進糧食一定是「籴」，賣出糧食一定是「粜」。因爲，這兩個字的構件已經洩露了「天機」：「籴」是「入」「米」，「粜」是「出」「米」。買進還是賣出糧食，「籴」和「粜」的字形結構清楚地亮出了謎底。

我們之所以能輕鬆、準確地把買賣糧食與「籴」和「粜」成功配對，與「籴」和「粜」的構造有直接關聯。它們都是會意造字法造出的字，字的意思都是構字部件的有機加合，所以我們才得以「望文生義」、「見文知義」。

什麼是會意造字法，什麼是會意字呢？用兩個或幾個部件合成一個字，

將這些部件的意義合在一起構成新字的造字法就是會意造字法，用此法構成的字就是會意字。比如，「休（休）」由「亻（人）」與「木」合成，從人在木下，表「休息」之義；「伐（伐）」由「亻」與「戈」合成，從人持戈，表「征伐」之義。「糴」和「糶」同樣如此，分別由「入」和「米」、「出」和「米」合成，表示買進糧食或賣出糧食之義。它們都是兩個原本有意義的部件組合起來合力表意構成的新字，都是會意字。

會意字都是合體字，作爲會意字構字部件的無外乎象形字或指事字。著眼於構字部件的特點，可將會意字分爲兩類：同體會意字和異體會意字。

同體會意字是由兩個或兩個以上相同部件組成的字。這種字的意思往往是單一部件所表意義的加深、增多、擴大或提高。其中，有二合一的，如：二「木」成「林（林）」，二「火」爲「炎（炎）」，二「夕」爲「多（多）」，二「手」爲「友（友）」，二「赤」爲「赫（赫）」。「林」、「炎」很容易望文知義，而「多」、「友」、「赫」的意思需根據其原始字形來理解。比如「多」，《說文》釋義：「重也。從重夕。夕者，相繹也，故爲多。重夕爲多，重日爲晶。」從重（chóng）夕，即二夕相連，重複即成多。「友」，兩「手」合成，表示「友誼」：友人相逢，兩隻右手緊緊相握。至於「赫」，二「赤」合成，表示「紅如火燒、極紅」之意。也有三合一的，例如：三「木」爲「森」，三「火」爲「焱（yàn）」，三「日」成「晶」，三「口」爲「品」，三「水」爲「淼（miǎo）」，三「人」成「众」，三「石」成「磊」，三「金」爲「鑫（xīn）」，三「牛」爲「犇（bēn）」，三「魚」爲「鱻（xiān）」，三「犬」爲「猋（biāo）」，三「直」成「矗（chù）」，三「毛」爲「毳（cuì）」，三「耳」爲「聶（niè，聂）」，三「屮（草）」爲「卉」，三「土」爲「垚（yáo）」。甚至還有四合一的，不過這種會意字今天已經罕見罕用了。例

如：四「屮（草）」爲「茻（mǎng，『多草』之意）」，四「口」爲「㗊（náo，『衆口』之意）」。

異體會意字是由兩個或兩個以上不同部件組成的字。這種字的意思通常是幾個部件意思的加合。前面說到的「休」、「伐」、「籴」、「棠」，均屬此類。

很多異體會意字的意思也可以一目了然。像「日」「月」爲「明」，「亻」「言」爲「信」，草生於田爲「苗」，手伸樹上爲「采」，手搭目上爲「看」，「山」和「石」合成「岩」，「山」和「高」合成「嵩」，上「小」下「大」爲「尖」，羊羔肥大爲「美（味美）」（圖1-36），還有用「口」與不同的動物組合來構成表示其叫聲的字，諸如犬叫爲「吠」，羊叫爲「咩」，鳥叫爲「鳴」……先賢們造字的機巧、智慧讓我們不由拍案叫絕。（圖1-37）（圖1-38）

由於字形的發展演變，有些異體會意字的意義已不是很容易辨識。比如「支」，察看現行漢字很難看出這個會意字的構成理據，如果對照它的小篆字形，再結合《說文》的釋義「去竹之枝也。從手持半竹」。理解「手」和手上的半「竹」合成的「支」字的意思，就相對容易一點：手持

圖1-36　篆書會意字「明」、「采」、「美」

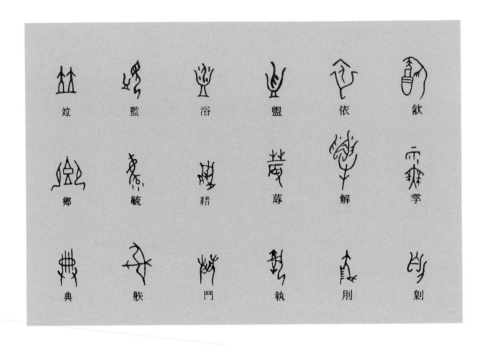

立　監　浴　盥　依　飲

鄉　毓　耤　蓐　解　雩

典　躬　鬥　執　刖　剝

（上）圖 1-37　商代甲骨文中的部分會意字　　　　　　　（下）圖 1-38　周代金文中的部分會意字

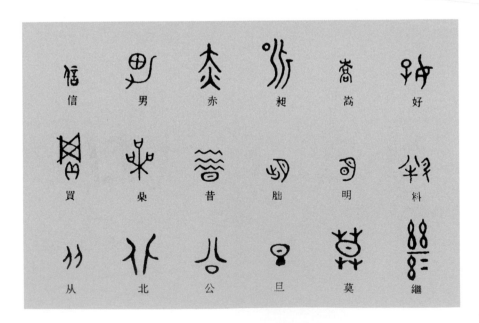

信　男　赤　袒　嵩　好

買　桌　昔　朏　明　料

从　北　公　旦　莫　繼

從竹子上拽下的半「竹」，即一條竹枝，也就是最初的「支」字。再如「武（）」，由「止（腳趾）」和「戈」合成，戈下有腳，表「征伐或顯示武力」之意。還有「婦女」的「婦」，只有結合其古文字形，才能正確理解其意思：「女」與「帚」合成，意爲「在家持帚灑掃的女人」。這與同爲異體會意字的「男」（「田」「力」合成）恰好形成對照，是當時農業社會「男耕女織」「男外女內」現實的生動寫照。（圖1-39）

有的漢字，古文字與現行文字構造上依然保持了一致。比如，現行漢字「塵」與其古文字「塵（，從鹿從土）」，都是會意字。有的漢字，現行文字與古文字構造上則發生了變化。比如，現行漢字「义」是個獨體字，其古文字「義（從我從羊，『己之威儀』之意）」是個會意字；現行漢字「窜」與其古文字「竄（，從鼠在穴中，「亂跑」之意）」構造方式也不同，「窜」是形聲字，「竄」是會意字。

會意法爲表現「無形可象的事物」提供了新方法，克服了象形法、指事法的局限，增強了漢字的表現力，擴大了漢字的造字範圍和表現空間，

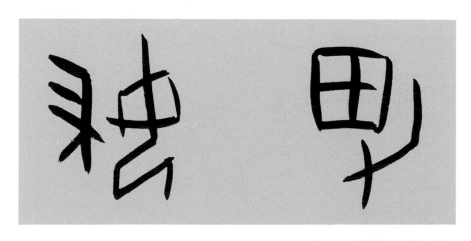

圖1-39　篆書會意字「婦」「男」　　35

開創了部件組字的造字法。有關統計表明，會意字在甲骨文中所佔比例最大，《說文》所收會意字的數量超過了象形字和指事字之和，可見它是繼象形、指事之後生成能力最強的造字法。中國歷史上唯一的女皇帝武則天，被後人評價爲中國歷史上前無古人、後無來者的千古女皇，當上皇帝後專門給自己起了個名字——「武曌」，「曌」就是用會意法創製的新字。「日」「月」當「空」，日月同輝，是武則天創製此字頌揚自己的本意所在。（圖1-40）

　　會意法仍屬純粹的表意文字，只能表義、不能表音。漢字要實現表音的功能，必須有新的造字法出現。

圖1-40　武則天創製的部分漢字

▋形聲造字妙，小羊米變糕

　　你聽過《農夫和他的女兒》的故事嗎？傳說，農夫的女兒既聰明又漂亮，鄉親們遇到什麼難事都去問她，她眼睛眨三下，準能想出好辦法來。皇帝聽說了，就召見農夫：「聽說你的女兒聰明絕頂，我要看看是否確實如此。你給我拿一點『小羊的米』來，三天後拿不來，我就罰你女兒入宮做宮女。」農夫愁眉苦臉地回到家，把皇帝的命令告訴了女兒。女兒莞爾一笑。第三天，她和父親把一樣東西送進宮去。皇帝一見，知道女孩兒確實聰明，就賞了--些錢財放他們出宮了。

　　農夫和女兒送的是「糕」。「小羊的米」怎麼成「糕」了？原來，皂帝給農夫出了個字謎：「小羊」是「羊羔」；小羊的米，「羔」跟「米」組合，就成了「糕」。

　　「糕」是象形字、指事字，還是會意字呢？答案是：都不是。「糕」是用形聲造字法構造的漢字 —— 形聲字。

　　用兩個部件合成一個字，其中--個部件表示新構字的意義、一個部件表示新構字的讀音，這種造字法就是形聲造字法。用此法構成的字就是形

聲字。表意的部件叫「形旁」或「意符」，表音的部件叫「聲旁」或「音符」。例如，「淋」、「洋」、「湖」的形旁都是「氵（水）」，聲旁分別是「林」、「羊」、「胡」。

較之象形、指事、會意，形聲是最高產也最科學的一種造字法。它突破了象形、指事、會意造字不能直接表音的缺陷，爲無形可象、有意難會的事物造字提供了更爲簡便的方法，使漢字由純粹的表意文字發展爲既能表意也能表音的意音文字。漢字結構中出現表音成分，是漢字發展史上一個重大進步。據統計，甲骨文中形聲字約佔百分之二十七，《說文》中形聲字佔百分之八十以上，現行漢字中百分之九十以上是形聲字，這足以證明形聲造字法功能之強大。

形聲字在象形字、指事字、會意字基礎上形成，形旁一般由象形字或指事字充當，用來提示所記詞的大致義類，還可區分聲旁相同或相近的字，如「幕、慕、暮、墓、募」，都讀mù，形旁「巾」表明「幕」跟「紡織物」有關，「心」表明「慕」是心理活動，「日」表明「暮」跟時間有關，「土」表明「墓」跟土地有關，「力」表明「募」跟用力、力氣有關。聲旁可由象形字、指事字或會意字充當，主要用於提示所記詞的大致讀音，如「依、倚、儀、伊、億」等；還可區分形旁相同或相近的字，如「拍、抓、撓、提、拽、捉」等。形旁和聲旁的組合，呈現出很強的對稱性特點。其主要組合方式有：

（1）左形右聲。如：注、抓、踢、棋、謙、站。

（2）左聲右形。如：放、救、劍、期、歉、戰。

（3）上形下聲。如：景、露、花、零、嶄、箱。

（4）上聲下形。如：忠、袋、貨、娶、幕、想。

（5）內形外聲。如：問、聞、悶、辯、辨、辮。

（6）內聲外形。如：圓、病、固、囤、閣、匣。

也有形旁與聲旁的組合不完全對稱的。比如，「旗」的聲旁「其」在右下角，「徒」的聲旁「土」在右上角；「荊」的形旁「艸」在左上角，「穎」的形旁「禾」在左下角，「賴」的形旁「貝」在右下角，而「衷」「裏」的形旁「衣」被聲旁隔離。

同樣的部件，出現的位置不同，形體常常會有變化。比如，「心」作為獨體字或出現在合體字右側時都寫作「心」，如「心、沁、忺（xīn，恐懼的樣子）」；出現在合體字左側時，一律寫作「忄」，如「怕、惊」；出現在合體字的下方時有兩種寫法，如「思、想」「恭、忝」。而且，同樣的形旁或聲旁，出現的部位不同構成的漢字往往也不同。例如：「架」與「枷」、「忙」與「忘」、「召」與「叨」、「含」與「吟」、「忠」與「忡」、「裏」與「裸」、「怠」與「怡」、「帕」與「帛」、「紋」與「紊」等。書寫此類形聲字，尤其要小心謹慎。

需要說明，形旁只表大致義類，並非精確表意，比如，「木」為形旁的形聲字，有些字中「木」就是「樹木」之意，如「樹、楊、柳、松、柏、杉、榆、梧、桐、槐、桃、楂、材、梨」等；有些字中「木」表與木質材料有關之意，如「柱、欄、杠、梳、槍、桶、杖、棍、棒、板、棵、棚、棧、橋、析、框、棱、椅、桌、床、欒」等。而且形旁所反映的意義只是造字時的現實情況，很多傳承下來的形聲字，今天看起來形旁已不能準確表意，甚至不能表意，需要通過字源尋找解釋。這是形聲字的一個缺陷。比如，古代的鏡子都是銅器，「鏡」的形旁因而是「釒（金）」；古代的梳子都是木質的，「梳」的形旁因而是「木」；古代曾經在竹簡上寫字，所以「篇、簡」才會以「竹」為形旁；古代曾經用貝殼作為貨幣，所以「賭、貸、貨」才會以「貝」為形旁（圖1-41）。

如果不知道「治」和「漸」最初都是水名，就很難理解它們何以以「氵（水）」為形旁；不清楚現代漢字的構字部件「月」對應著古漢

圖1-41 「貝」字和貝幣

字的「月」、「肉」、「舟」，也就無法正確區分「期、朗（形旁是「月」）」、「肺、腑（形旁是「肉」）」、「服（形旁是「舟」）」的形旁所指。

　　儘管形旁只表大致義類，我們依然可以利用它們來區別一些形近字、易混淆字。比如，了解了「扌（手）」做形旁的漢字意義多與手的動作有關，「木」做形旁的漢字意義多與樹木有關，下面的字一般不會寫錯：

　　　　拍、扳、揚、扛、抗、折、拒、扎、搶、挑、捅、拴、攔、摳、捂

　　　　柏、板、楊、杠、杭、析、柜、札、槍、桃、桶、栓、欄、樞、梧

　　與形旁類似，聲旁所表讀音也只是當時所記詞的大致讀音。隨著漢語和漢字的發展演變，很多聲旁已不能準確表音或根本不能表音。這是形聲字的又一缺陷。漢字中大部分形聲字是傳承下來的，有些漢字雖然聲旁所用部件相同，但讀音並不相同。比如，「海、悔、梅、莓、霉」聲旁都是「每」，但「海」與其他字的讀音相去較遠；「紅、虹、江、杠、扛、豇、缸」聲旁都是「工」，但「紅、虹」與「江、杠、扛、豇、缸」的讀

音也大不相同。據統計，大約只有1/4的聲旁與整個字讀音相同，如「換、煥、喚、渙、瘓」，「輪、倫、綸、淪」。

聲旁同樣可用於區別形似字。比如，以「侖」為聲旁的字一般都讀lun音，而以「倉」為聲旁的字韻母一般都讀ang。了解了這一點，下面的字一般不會寫錯：

掄 倫 淪 論 輪 綸 圇

搶 傖 滄 蒼 艙 創 瘡

▌轉注、假借好，實惠低能耗

有句俗話，「巧婦難爲無米之炊」，意思是說沒有米下鍋，一個家庭主婦再能幹，都不可能做出香噴噴的米飯。現實生活中，沒有米的確沒辦法做出米飯。文字生活中，沒有米能否做出米飯來呢？答案是：可以。

傳統的「六書」，除了象形、指事、會意和形聲四種造字方法，還有另外兩種用字方法，這就是假借和轉注。

本無某字，另借一字用此字來記錄所要記錄之詞，就是假借。一般來說，遇到某個無法描述的新事物時，往往就會借用一個發音接近或屬性近似的字來記錄這個新事物，這就是假借。《說文》對「假借」的定義是：「本無其字，依聲托事。」例如，古漢字的「又」，甲骨文寫作ㅋ，是個象形字，本義是「右手」，後來被假借用作「重複、再一次」之義的「又」，也就是現行漢字的「又」。記錄第一人稱代詞的「我」也是個假借字。「我」甲骨文寫作ㅓ，與一種兵器的形狀相似；小篆寫作我，從戈從乑（古「垂」字），是個會意字。《說文》釋義：「取戈自持。」後來該字被假借，用於記錄第一人稱代詞「我」。指事字「上」因爲與「尙」同音，有時也會被作

爲「尙」的假借字使用，表示「崇尙」或「尊重」之義。《史記‧秦始皇本紀》中「上農除末，黔首是富」的「上」，就是借來當「尙」用的，整句話的意思是「只有重農抑商，老百姓才能富裕、安居樂業」。現行漢字中有不少常用字當初都是假借字，只是今天我們使用這些字時已渾然不覺了。像「長久」之「長」借自「長髮」之「長」，「艱難」之「難」借自鳥名之「難」，便在此列。瞧，這有點「無米也爲炊」的味道吧？

　　假借過程中，有個很有意思的現象。這個現象，可用「雀佔鳩巢」來形容。某個字被假借了，爲了避免使用上的混淆，本字常常會給自己增加一個部件，以區別於假借字。比如，古漢字「久」，小篆寫法是ㄟ，原是「灸」的本字，「灸」是一種中醫療法，具體做法是用艾葉等製成的艾炷或艾卷燒灼或熏烤人體穴位。（圖1-42）今天常說的中醫療法「針灸」，是針刺與艾灸的合稱。由於灸療需停留，故引申出滯留、等待、久留、時間長等義。爲區別於假借字「久」，就在本字下增加了形旁「火」，成爲形聲字「灸」。

　　再如，古漢字「其」，甲骨文寫作𠀠，金文寫作𠀠，小篆寫作𠀠，象形字，「簸箕」之「箕」的本字，後被假借爲表示第三人稱代詞的「其」；爲區別於假借字「其」，在本字上增加了形旁「竹」，成爲形聲字「箕」。

　　上述的假借字都是本無其字、借用他字。這些假借字對所記之詞而言，屬於純粹的表音字。用已有的漢字記錄新出現或抽象、空靈、不易造字的事物，既減少了新造字的數量，也減輕了學習、記憶新造字的負擔，還促進了漢字中純表意了或意音字向純表音方向的轉變，這是漢字向表音化方向發展的又一進步，也是使用假借字的積極之處。

　　還有一種本有其字、另借他字的假借。例如，「蟬則千轉不窮，猿則百叫無絕」中「囀（鳥叫聲）」借用了「轉」，「政通人和，百廢具興」中「俱（全，皆）」借用了「具」，「屬予作文以記之」中「囑（囑咐）」借用了「屬」。此類假借，類似於我們由於讀音相同、相近或形體相近寫出的

43

圖 1-42　中國古代的灸療

別字。

　　今天，隨著電腦的普及和互聯網的廣泛使用，網路聯繫越來越多。在線交流時，受時間、速度、輸入法等因素的影響，同音或近音假借現象越來越多。比如，「嘻嘻」借用「西西」，「拜拜」借用「白白」、「掰掰」等。這種假借，應該以不影響交際交流爲基本原則。

　　與假借相應，轉注也是一種用字方法。用彼此同義但不同形的兩個字互爲注釋，就是轉注。《說文》的解釋和舉例是：「建類一首，同意相受，考、老是也。」「考」和「老」是一對轉注字。古時「考」可作「長壽」講，「老」、「考」相通，意義一致，就可以互相注釋，即所謂「老者考也，考者老也」。《說文》對「考」的釋義是：「老也。從老省，丂（丂，

44

kǎo）聲。」對「老」的釋義是：「考也。七十日老。從人毛匕。言鬚髮變白也。」

轉注字不能是一個，必須是一對或一組。成爲轉注字必須具備三個條件，這也是轉注字的三個特點：第一，兩字必屬同一部首，意義相通；第二，兩字必須聲音相近；第三，兩字可以互相解釋。像「顚」和「頂」，「竅」和「空」，也都是轉注字。

轉注和假借都是用字之法，原則上都不產生新字。區別在於：轉注是「一義數文」，即「異字同義」；而假借則是「一字數用」，即「異義同字」。

今天來看，轉注字增加了人們的負擔。爲什麼會出現轉注字呢？比較合理的解釋是：文字並非一人一時一地創造出來的，中國幅員遼闊，方言隔閡顯著。同一意義，甲地造出的字與乙地造出的字可能不同；語言不斷發展變化，此時用的字與彼時用的字也可能不同。在不同時間、空間造出的意義相通、字形有異的字，在某時某地使用普遍，很難取消，便只能用「互訓」（相互注釋）的方法「打通」它們。假借字，頗有些「同出一門，守望相助」的精神。隨著語言的發展演變，不同區域間交流的增多，有的假借字就會「淡出江湖」。比如「考」和「老」，「考」的意義和用法已經轉移，今天人們只用「老」而不用「考」了。

方寸天地
中國漢字

2

漢字的讀音幻化

█ 同音字稱妙，此「喬」即彼「橋」

你讀過諸葛亮妙計激周瑜、聯吳抗曹的故事嗎？

為了聯吳抗曹（魏國曹操），蜀國軍師諸葛亮巧用一計。他對吳國大都督周瑜說：「派使者駕小舟將江東二喬（兩位美女）送給曹操，便可使曹操百萬雄兵不戰而退。」周瑜問其憑據，諸葛亮答：「曹操之子曹植的《銅雀臺賦》中有詩句為證：『攬「二喬」於東南兮，樂朝夕之與共。』」周瑜聞言大怒，誓死抗曹。曹植詩句中「二喬」的「喬」本指橋樑的「橋」，江東二喬是美女姐妹花大喬和小喬，妹妹小喬正是周瑜之妻。（圖2-1）諸葛亮之所以能把詩句原意（興建兩個高臺以觀勝景，再在高臺間建兩座橋，以便朝夕流連其中）曲解為將二喬放於宮殿中，朝夕相處快樂生活，就是利用了「橋」與「喬」的同音字關係。

什麼是同音字呢？同音字就是讀音相同但意義不同的字。讀音相同，必須是聲母、韻母、聲調都相同。比如「金」與「今」，「成」與「程」，「洲」與「周」，聲、韻、調相同，意義不同，就是三組同音字。

圖 2-1　諸葛亮智
激周瑜

曹操領大軍討伐東
吳，周瑜假意主張
投降，魯肅主張不
降，兩人爭論不
休。諸葛亮佯稱曹
操率兵進犯江東，
是爲得到東吳的大
小二喬，只要把姐
妹二人送過去，曹
操便可退兵。小喬
是周瑜之妻，此話
激怒周瑜，使其由
主張投降轉向主張
抗曹。

　　漢字中，同音字分兩類。一類是異形同音字，即讀音相同、意義不同、書寫形式也不同。如：公、工、攻、恭、弓、宮、供、躬。一類是同形同音字，即讀音相同、書寫形式相同，只有意義不同。如：「大米」、「小米」的「米」與「一米長」、「兩米寬」的「米」，讀音、字形完全相同，但意義完全不同。

　　漢語中存在大量同音字，原因可歸結爲以下幾點：

　　第一，讀音偶合。漢語的音節數量有限，共有1300多個，而漢字的數量卻多得多。這樣，勢必造成一個音節對應著不止一個漢字的情況。比如，讀zhī音的就有「之、支、知、汁、枝、脂、肢、織、芝」等字。此類同音字多是異形同音字。

　　第二，語音演變。有些漢字，在古漢語中讀音本來不同，隨著語言的發展變化，讀音發生了變化，變成了讀音相同的字，這些字也就成了同音字。比如「翻」與「帆」、「權」與「全」、「虛」與「需」，在古漢語中讀音本來不同，到了現代漢語讀音變得相同了，便成了同音字。此類同音字，也都是異形同音字。

　　第三，意義分化。有些字原本是個多義詞（有幾個意義，且意義之間關聯密切的詞），後來意義不斷分化，意義間的聯繫越來越不明顯，現代的人們甚至已經感覺不到不同意義間的聯繫，字的讀音卻沒有變化，就造成了同音字。比如，現代漢語中表示「雕、用刀子挖劃」的「刻」與表示計時單位的「刻」，今天一般人已經感覺不到兩者的聯繫，將它們看作同音字，其實它們意義上原本有密切聯繫──古代用漏刻（圖2-2）計時，一晝夜共一百刻：「刻」便

圖 2-2　中國古代用於計時的漏刻

49

分化出表示時間、作為計時單位之意的「刻」，比如「八點一刻」「此時此刻」。近、現代用鐘錶計時，一刻等於十五分鐘。現如今，「雕刻」的「刻」與表時間的「刻」之間的聯繫在人們的記憶中已不存在了，這兩個「刻」就是意義演變造成的同音字。此類同音字，都是同形同音字。

此類同音字還有不少，例如：

就（動詞性的）：就職、就業、就任、就寢、就醫、就義、就近、就便。

就（副詞性的）：就是、就完、就不答應、一會兒就來。

別（動詞性的）：別針、頭上別著花、腰裏別著槍。

別（副詞性的）：別動、別説、別客氣、別上當。

老（形容詞性的）：老朋友、老人家、老豆腐、老家具。

老（副詞性的）：老説話、老生病、老遲到、老打盆。

光（名詞性的）：借光、沾光、一束光、生命之光。

光（副詞性的）：光吃飯不吃菜、光留下他一個人。

白（形容詞性的）：白花、白襯衣、白天、白顏色。

白（副詞性的）：白吃、白跑、白花錢、白忙一場。

第四，詞語借用。隨著與不同國家、地區間文化、經濟、政治等方面的接觸交流，漢語也會借用其他語言的詞語，借用方式之一就是用漢字記錄這些詞的讀音，表達原詞的意義。用來記錄外來詞聲音的漢字與該漢字原本記錄的漢語詞的意義毫無關聯，記錄外來詞的漢字與記錄漢語詞的漢字讀音、字形都相同，形成的也是同形同音字。比如，漢語「大

米、小米」的「米」與借自英語的計量單位「一米長、兩米寬」的「米（meter）」，「站立、站崗」的「站」與「車站」的「站」就是此類同音字。

同音字拓寬了我們的表達空間。漢語中，同音字常被用於構成雙關、歇後語等。比如，「虛心竹有低頭葉，傲骨梅無仰面花」，「虛心」一語雙關：既是對竹節內空的真實描寫，又是對竹子謙遜品質的讚譽。歇後語「老虎拉車——沒人趕（敢）」，表面說沒人驅趕老虎拉的車，實則是說某件事情沒人敢做。這種表述或言此意彼，或含蓄婉轉，或機智詼諧，產生了極好的表達效果。現代社會，廣告宣傳無處不在，借助同音字、詞構成的廣告語也常常收到出人意料的效果。「不打不相識」，用於打字機的廣告宣傳，「打鬥」之義的「打」轉指「敲打（鍵盤）」的「打」，匠心獨運。牙刷的「一毛不拔」，太平洋保險公司的「平時注入一滴水，難時擁有太平洋」，聯想牌電腦的「人類失去『聯想』，世界將會怎樣」，都是借助同音字、詞構成的出色廣告語，對這些知名品牌提升知名度、擴大影響力起到了錦上添花的作用。

同音字的存在，在某種程度上給人們學習、使用漢字造成一定困難。書寫漢字時出現的別字，不少是由於同音字干擾造成的。比如，將「艱苦」的「艱」寫成「堅決」的「堅」，「厲害」的「厲」寫成「經歷」的「歷」，「刻苦」的「刻」寫成「克服」的「克」，「急躁」的「躁」寫成「乾燥」的「燥」，「臘月」的「臘」寫成「蠟筆」的「蠟」，「鍵盤」的「鍵」寫成「健康」的「健」，「盲人」的「盲」寫成「忙碌」的「忙」等，都是由於同音字的干擾。

要消滅同音字造成的別字，可從兩方面做起。

一是通過形旁區別同音的形聲字。比如，「籃子」的「籃」，形旁是「竹」，因為籃子是用藤、竹或柳條編成的；而「藍色」的「藍」形旁是

51

「艸」，因爲「藍」原本是一種植物的名字。再如，「扭打」的「扭」意爲用手擰，所以形旁是「扌」；而「紐扣」的「紐」是用絲線打成的結，所以形旁是「糸」；「按鈕」的「鈕」最初指印把子，後泛指器物上可提攜的部分，如「獅鈕、虎鈕、瓦鈕、環鈕、電鈕」等，多爲金屬製成，故形旁是「釒」。

二是有意識地記不同的同音字經常與哪些字搭配，表示什麼意思。比如，有意識地記住「部署」的「部」不是「布置」的「布」，「大同小異」的「異」不是「容易」的「易」。下列成語中，加點的字就是受同音或近音字干擾寫出的別字（括號內是正確寫法）：

哀聲歎氣（唉）	按步就班（部）	不可思義（議）	察顏觀色（言）
陳詞爛調（濫）	出類拔粹（萃）	初出茅蘆（廬）	穿流不息（川）
調兵潛將（遣）	鬼計多端（詭）	汗流夾背（浹）	和靄可親（藹）
記憶尤新（猶）	既往不究（咎）	嬌揉造作（矯）	戒驕戒燥（躁）
膾治人口（炙）	勵行節約（厲）	貌和神離（合）	密而不宣（秘）
名目煩多（繁）	磨拳擦掌（摩）	披星帶月（戴）	迫不急待（及）
破斧沉舟（釜）	前朴後繼（仆）	輕歌漫舞（曼）	傾竹難書（罄）
人才倍出（輩）	人才匯萃（薈）	如法抛製（炮）	如火如塗（荼）
如願以嘗（償）	山青水秀（清）	史無前立（例）	天花亂綴（墜）
挺而走險（鋌）	枉廢心機（費）	委屈求全（曲）	無恥濫言（讕）
閒情逸志（致）	興高彩烈（采）	一愁莫展（籌）	一如即往（既）
一步一趨（亦）	遺害無窮（貽）	陰謀鬼計（詭）	引航高歌（吭）
永往直前（勇）	原形必露（畢）	再接再勵（厲）	走頭無路（投）

上述字的正確寫法，您記住了嗎？

▌多音字有源，音隨義改變

　　如果有人問，「中」怎麼讀？很多人都會脫口而出：zhōng。沒錯，「中國風」的「中」、「中醫」的「中」都讀zhōng。然而，如果繼續發問：「中獎」的「中」怎麼讀？答案顯然不同──這個「中」應該讀zhòng。

　　一個漢字具有兩種或兩種以上的讀音，不同的讀音表達不同的意義，這種現象，在漢字中比比皆是。比如，「畜生」的「畜（chù）」和「畜牧」的「畜（xù）」，「差別」的「差（chā）」與「出差」的「差（chāi）」、「差勁」的「差（chà）」，「堅強」的「強（qiáng）」與「強迫」的「強（qiǎng）」、「倔強」的「強（jiàng）」讀音都不相同，意義也各不相同。

　　這種具有兩種或兩種以上讀音、不同讀音相應地表達不同意義的漢字，就是多音多義字，簡稱多音字。換言之，多音字是字形相同，但字音不同、字義也不同的字。

　　漢字中，多音字俯拾即是。統計顯示，《新華字典》（1971年版）中

多音字七百三十四個，約佔所收總字數的百分之十；《辭海》（1979年版）收字一萬一千八百三十四個，多音字二千六百四十一個，所佔比例高達百分之二十二；《現代漢語詞典》（2005年版）收字約一萬一千個，多音字約一千個，也佔了近百分之十。即便是小學語文教材，在小學生必須掌握的三千多個常用漢字中，多音字也有三百多個，所佔比例依然不低於百分之十。由此不難看出多音字在漢字中數量之多，為數之眾；掌握多音字的正確讀音，對日常交際交流是多麼的重要。

漢字學家指出，聯繫語言的發展看多音字，「經濟原則」是多音字產生的主要原因。「語言中增加了新的語素，文字中可以造一個新字。但是字數太多不便於學習和應用……不造新字，就只好讓原有的字增加負擔。一個字原有的讀音，與新增語素的讀音如果不同，就成了多音多義字。」多音字的來源，主要有兩個途徑——詞義的引申和文字的假借。

先來看詞義的引申。在語言的發展過程中，一部分引申義的讀音發生了分化，與本義的讀音不同，便形成了多音字。例如：

行：表行走時，讀xíng；引申為行列時，讀háng。

長：表生長時，讀zhǎng；引申為長度時，讀cháng。

飲：表喝或可喝的東西時，讀yǐn；引申為給……喝、讓……喝時，讀yìn。

背：表脊背、後背時，讀bèi；引申為用脊背馱時，讀bēi。

再來看文字的假借。在漢字的假借過程中，如果是同音假借，就不產生多音字；如果是近音假借，就會形成多音字。具體又包括如下情況：

第一種情況是簡化漢字中的近音假借：

斗：表容量單位時，讀dǒu；假借為「鬥」的簡化字時，讀dòu。

發：表出發、發表時，讀fā；假借為「髮」的簡化字時，讀fà。

別：表分別、離別時，讀bié；假借為「彆」的簡化字時，讀biē。

干：表示天干地支時，讀gān；假借爲「幹」的簡化字時，讀gàn。

第二種情況是有的漢字被用於記錄譯音詞，與原有的讀音不同形成多音字：

卡：表哨卡、關卡時，讀qiǎ；記錄card（卡片）時，讀kǎ。

打：表擊打、毆打時，讀dǎ；記錄dozen（量詞，十二個爲一打）時，讀dá。

茄：表茄子時，讀qié；記錄cigar（雪茄）時，讀jiā。

茜：表草本植物時，讀qiàn；記錄外國人名時，讀xī。

第三種情況是有的漢字被用於記錄方言詞，與原有的讀音不同形成多音字：

弄：表示玩弄、戲弄時，讀nòng；記錄里弄、弄堂時，讀lòng。

軋：表示碾軋、傾軋時，讀yà；記錄軋（核算、核對）賬時，讀gá。

第四種情況是字形偶合形成的多音字：

胜：表示贏取、胜利時，讀shèng；有機化合物「肽」的舊稱也叫胜，讀shēng。

尺：表示市制度量單位時，讀chǐ；舊時樂譜的記音符號之一也叫尺，讀chě。

現代漢語的多音字，少的有兩個讀音，如「擔」：一個讀音是dān，如「擔心、擔責」；另一個讀音是dàn，如「擔子、重擔」。再如「度」，一個讀音是dù，如「溫度、氣度」，另一個讀音是duó，如「猜度、揣度」。多的有四五個乃至五六個讀音。比如「著」，有四個讀音：一個讀音是zhāo，如「妙著、高著」；還有一個讀音是zhe，如「看著、空著」；第三個讀音是zháo，如「著急、著火」；第四個讀音是zhuó，如「穿著、著陸」。我們在序中說到的「和」（圖2-3），有六個讀音。

漢字中，多音字數量龐大，可從以下幾方面入手提高識讀效率。

55

圖2-3　古篆書「和」（馬子愷作品）

第一，從詞性入手。一般來說，一個多音字，詞性不同往往讀音相異。例如：

處：讀chǔ時，是動詞性用法，如「處理、處分」；讀chù時，是名詞性用法，如「用處、好處、辦事處、處長」。

畜：讀chù時，是名詞性用法，如「牲畜、家畜、畜生、畜類」；讀xù時是動詞性用法，如「畜牧、畜養、畜產」。

囤：讀tún時，是動詞性用法，如「囤積、囤糧、囤貨」；讀dùn時，是名詞性用法，如「糧囤」。

此類多音字還有「脈、弄、仆、籠、鋼、縫、創、盛、簸、掃」等。

第二，避多就少。有的多音字，只是某一特殊意思才讀作另音，只要記住這個讀音，常讀音或次常讀音就容易把握了。例如：

埋：一般情況下都讀mái；只有在表「不滿、責怪」之意時才唯一異讀，讀作mán，如「埋怨」。

巷：一般情況下都讀xiàng；只在「巷道」等詞中才讀hàng。

占：一般情況下都讀zhàn；只在「占卜、占星」等詞中才讀zhān。

讀：一般情況下都讀dú；只在「句讀」中才讀dòu。

此類多音字還有「艾、湯、柵、稽、鵠、拓、飲、椎、熨、鮮」等。

第三，注意專有名詞。有的多音字只在某些專有名詞（諸如人名、地名、國名、官名、族名、器物名等）中才異讀。例如：

蚌：一般情況下讀bàng；只有記錄地名「蚌埠」時才讀bèng。

仇：一般情況下讀chóu；只有表姓氏時才讀qiú。

單：一般情況下讀dān；只有表姓氏時才讀shàn，表匈奴君主稱號「單于」時才讀chán。

任：一般情況下讀rèn；只有表示姓氏時才讀rén。

此類多音字還有「朴、繆、區、尉、萬、麗、台、泌、燕、娜、查」等。這種多音字，也可採取避多就少法。

多音字是漢字特有的現象，多音字的讀音離不開其意義。我們必須根據意義確定一個多音字的具體讀音，這就是人們常說的「據義定音」。有意識地辨析、區別多音字的不同讀音，養成勤學、勤問、勤查的習慣，就可以駕輕就熟，更好地利用多音字，為我們的交際、交流服務。

▌異讀字告急,義同音有異

走在北京大街上,如果問路人「鯉魚躍龍門」、（圖2-4）「龍騰虎躍」、「躍躍欲試」的「躍」怎麼讀,肯定有人答yuè,有人答yào,甚至會有人答兩種讀音皆可。

這個字,以前確有兩種讀音,而且兩種讀音表達的意思完全相同。這種字形同、義同、音不同的字,就是異讀字。

前面我們說到過的多音字,是具有兩種或兩種以上的讀音,不同讀音相應地表

圖2-4　中國民俗畫《鯉魚躍龍門》

達不同意義的漢字；換言之，是一形、多音、多義的字。剛剛我們說到的「躍」，是另一種情況，一形、多音、一義，即字形相同、讀音不同，所對應的意義卻相同。比如「血」，單用時或在口語中通常讀xiě，比如「流血、採血、獻血」的「血」；組成詞語時或在書面語中通常讀xuè，比如「血型、血液、血統、鮮血、熱血」的「血」。至於「血債要用血來償」中的兩個「血」，雖然意思完全相同，讀音卻並不同：前一個「血」與「債」組成了詞，讀xuè；後一個「血」單用，讀xiě。這種形同、義同，只有音不同的漢字，被稱作異讀字，也稱作多音同義字。

現行漢字中的異讀字，大致可分為三類：

一是文白異讀（書面語與口語讀音不同）。比如「削」，書面語中讀xuē，如「剝削、削弱」的「削」；口語中讀xiāo，如「削蘋果、刀削麵」的「削」。「剝」書面語中讀bō，如「剝削、盤剝、生吞活剝」；口語中讀bāo，如「剝皮、剝玉米」。「熟悉」「成熟」「深思熟慮」「一回生，兩回熟」中的「熟」字，書面語中讀shú，口語中常常讀shóu。兩種讀音，字意完全相同。

二是單用和在詞語中讀音不同。比如，「嚼」單用時讀jiáo，如「嚼不爛、嚼舌頭、細嚼慢嚥、咬文嚼字」中的「嚼」；詞語中則讀jué，如「咀嚼」的「嚼」。「薄」單用時讀báo，如「衣服很薄、薄紙、薄餅」的「薄」；在詞語中則讀bó，如「薄弱、薄利、單薄、厚古薄今、日薄西山」的「薄」。有本雜誌，刊名是《咬文嚼字》（圖2-5），就是告訴我們一些容易出錯的字的讀音和意義的。

三是記錄個別詞時的讀音不同於一般讀音。比如，「綠」一般情況都讀lǜ，只在「綠林山、綠林起義、綠林好漢、綠營」中讀lù。「車」一般情況下都讀chē，如「車輛、火車、車床」等；只在表示象棋棋子時讀jū，如「走車、車馬炮、丟卒保車」等。「露」記錄名詞「凝結在地面或靠近地

59

圖 2-5 《咬文嚼字》雜誌

面的物體表面上的水珠」或「用花、葉、果子等蒸餾或在蒸餾液中加入果汁等製成的飲料」時都讀lù，如「露水、露珠、花露水」中的「露」；記錄動詞「在房屋、帳篷等外面，沒有遮蓋」「顯露、表現」時有lòu和lù兩個讀音，但在不同詞語中讀音有分工——在「露骨」「露頭（岩石或礦體露出地面的部分）」中的「露」讀lù，在「露出、露底、露富、露臉、露面、露怯、露頭、露馬腳、露餡兒、露一手、露醜、露拙」中讀lòu。

異讀字由來已久。現行漢字中，異讀字主要有四種來源：

一是語音演變。文白異讀往往是語音演變的結果。「文」即書面語讀音，「白」即口語讀音。比如，記錄指示代詞的「這」和「那」，在書面語中分別讀zhè、nà，口語中還分別讀作zhèi和nèi；甚至書面語中讀作nǎ的「哪」，口語中也常讀作něi。這是因爲「這」「那」「哪」經常與「一」結合，語速一快，「這」「那」「哪」的讀音與i結合便發生了變化，分別讀成了zhèi、nèi和něi，原本的獨立音節yī被「吞」掉。這就是口語中「這個、那個、哪個」「這裏、那裏、哪裏」「這樣、那樣、哪樣」「這些、那些、哪些」「這塊、那塊、哪塊」中的「這、那、哪」常常分別讀成zhèi、nèi和něi的根本原因。

二是古音沿用。比如，「心寬體胖」的「胖」讀pán，「虛與委蛇」

中的「蛇」讀yí；「葉韻」中的「葉」讀xié，「拾級而上」中的「拾」讀
shè。

三是方音影響。比如，北京話中把「教室」「暗室」「密室」的「室
（shì）」讀作shǐ，「質量」的「質（zhì）」讀作zhǐ，「白色」「紅色」
的「色（sè）」讀作shǎi，「允許」的「允（yǔn）」讀作rún，就是方音影
響的結果。

四是誤讀影響。比如，不少人把「檔案」的「檔（dàng）」誤讀爲
dǎng，把「締造」的「締（dì）」誤讀作tì，就是誤讀所致。

異讀字給人們學習、使用漢字增加了負擔。所以，它成爲相關部門進
行漢字規範化工作的目標對象之一。有些異讀字經過語音規範後，讀音得
到了統一。像前面我們說到的「躍」、「室」、「質」、「允」等字，語
音規範化後都有了統一的讀音，分別統讀爲yuè、shì、zhì、yǔn。

學習異讀字，需注意兩點：第一，對已有規範讀音的異讀字，要堅持
讀標準音；第二，對依舊有幾個讀音的異讀字，要認眞學習、細心記憶，
讀準不同情況下的不同讀音。目前，異讀字的規範讀音方面最具權威的文
件是1985年12月由中國國家語委、國家教委（今國家教育部）和廣電部聯
合發佈的《普通話異讀詞審音表》。確定一個漢字究竟怎麼讀，應以此表
爲根據。

方寸天地

中國漢字

③

漢字的神機妙用

▌ 欲解其中味，識記需融會

　　語言文字是文化的有機組成部分，又是文化的載體。文字的創製，使人類社會的發展進程有了質的飛躍，人類自此進入有史時期，開始了自己的文明史。關於漢字的創製，「倉頡造字」（圖3-1）（圖3-2）的傳說由來已久。有了文字的記載，人類文明才得以代代相傳，生生不息。正因如此，史學家才以文字的出現為界，將人類歷史劃分為史前時

圖 3-1　倉頡畫像

倉頡，原姓侯岡，名頡，號史皇氏。在坊間，倉頡是一位介於神話與傳說之間的人物，他「雙瞳四目」，搜集、整理並使用流傳於漢族先民中的文字，在漢字創造的過程中發揮了重要作用，因此一直被尊為漢字的創造者，中華文字的始祖。

63

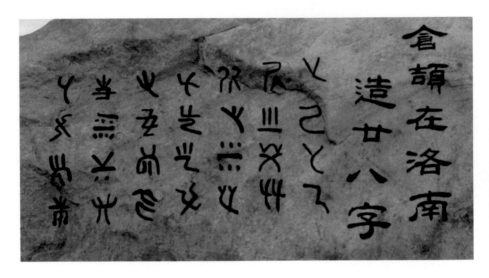

圖 3-2　傳說中倉頡所造的 28 個字

期和文明時期。文字傳承了古代文明、發展了現代文明、開啓了後代文明，是人類文明薪火相傳最重要的工具。

　　漢字是世界四大古老文字系統中唯一傳承至今並仍發揮著重要作用的文字系統，是世界範圍內迄今爲止使用時間最長、使用人數最多的文字系統。它對保存和傳承五千多年的中華優秀文化、維繫中國的長期統一發揮了重要作用，對漢字圈內國家和地區政治、經濟、文化的發展產生過重大影響。有學者將漢字稱爲中國的「第五大發明」，足見漢字是一項多麼偉大的創造。下面，我們就來看看漢字在日常生活中扮演的重要角色吧。

　　2001年6月29日，中國新華社播發了一條消息：山東省濟南市一名六個月又二十一天的女嬰能準確辨認一百四十三個漢字，不但是世界上認識漢字最早的幼兒，還是吉尼斯紀錄中年齡最小的一位，上海大世界吉尼斯總部給她頒發了《大世界吉尼斯之最》證書。女嬰名叫李超然，2000年6月7

日出生。到新華社發稿時，一周歲的李超然已認字一千多個；一歲三個月時，已認識三千多個漢字。

無獨有偶。2007年7月1日，《海峽導報》刊登了一篇題爲《六百五十九分！山西太原十三歲少年孫天昌高考寫神奇》的新聞：山西省太原市十三歲少年孫天昌高考獲得理科六百五十九的高分，超出清華大學當年的理科錄取分數線五分。孫天昌兩歲時就認識二千多個漢字，並開始自主閱讀。

人們把目光投向了早慧兒童。結果發現他們有一個共同特徵：早識字、早閱讀、早聰慧。

人們又把目光投向了古今中外的偉人和天才們——中國古代的孟子、張衡、李白、杜甫、白居易、李時珍、鄭板橋，近代的梁啓超、齊白石、徐悲鴻，現代的李大釗、毛澤東、周恩來、魯迅、郭沫若、李四光、錢學森、楊振寧，外國的馬克思、愛因斯坦、達爾文、弗洛伊德、比爾·蓋茨……結果發現他們無不在幼兒時期就能識字閱讀，兒童時期就博覽群書。

1982年5月，英國心理學家查德·林博士在英國著名的科學雜誌《自然》上撰文公佈了他對英、美、法、聯邦德國、日本五國兒童智商測查的結果：歐美四國兒童的平均智商爲100，日本兒童平均智商爲111。他分析，原因在於日本兒童學習了漢字。日本教育博士、漢字教育專家石井勳教授的《幼兒智力開發法》也談到他多次測試的結果：日本小孩如果不學漢字，智商與歐美兒童基本都是100。學習了漢字情況即有所不同：如果五歲學起，到入學前一年智商能達到110；四歲開始學兩年，智商能達到120；三歲開始學習三年，智商能達到125—130。其研究表明：三到六歲是學習漢字的黃金時期，越早開始學習，對幼兒智力發展幫助越大。

有研究指出，兒童大腦的發育在零到三歲間即完成百分之六十，三到六歲間完成百分之八十，六到八歲間完成百分之九十，八歲以後發育就漸趨緩慢，到十三歲左右時大腦發育最關鍵的敏感期基本結束。這與石井勳教授的結論不謀而合。

　　有學者指出：在開發智力方面，沒有任何活動能夠達到像文字學習那樣的深度和廣度。學習文字真能開發人的智力、提高人的智商嗎？眾所周知，智力包括觀察力、記憶力、想像力、分析判斷能力、推導能力、應變能力等多方面；語言學習是兒童最早的智力活動，學習語言的過程就是他確認自身、認識外部世界的過程。學習文字，同樣是一個促進智力發展的過程。漢字是意音文字，是用音節記錄語素的方塊字。漢字本身的特點決定了漢字學習對開發智力、提高智商具有更好的作用。

　　與拼音文字比，漢字有幾個突出特徵，這就是單音節性、拼形性、複腦性和多碼性、關聯性。每個漢字都是單音節的，字形、字音和字義有機地統一為一個平面化的方塊圖形，圖畫性強，單字間差異性大、識別率高，應和了兒童的認知和記憶特點——整體認知先於局部認知，形象記憶高於抽象記憶，無意識記憶高於有意識記憶，機械記憶高於理解記憶。兒童對漢字的識記便是從認圖入手，以整體感知為主。他們學習漢字的過程，就是觀察字形結構、識別漢字圖像、識記漢字字形的過程。通過觀察記住字形特點，通過耳口並用學習、記憶字音，通過想像和聯想理解、記憶字義，這個過程對其大腦產生了全方位的刺激。在識記一個又一個獨立的漢字圖形的同時，其大腦也在不斷成長，智力得到不斷發展。

　　作為拼形文字，漢字具有獨特的構字規律。獨體字由筆劃構成，合體字由部件構成。對現代三千五百個常用漢字進行分析，可以發現它們包含的基本部件還不到四百個。除了獨體字，合體字都是這些基本部件的不同

拼合，而且大多數合體字與其部件之間在字音或字義上具有一定聯繫，拼合呈現出很強的規律性。隨著識記字數的增多，兒童對字形的感覺會越來越細化，對字義的理解會越來越準確，對字形構造規律的把握也會越來越清晰。其大腦和智

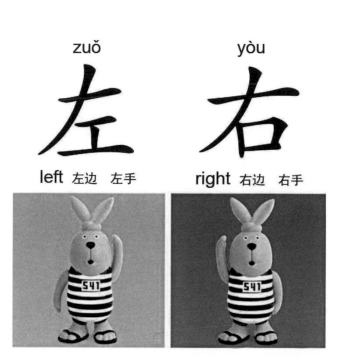

圖 3-3　用於早教的漢字識字卡片圖（馬敏攝）

力，也會隨之繼續成長發展。

　　漢字是字形、字音、字義有機結合的多碼文字，識記時需左、右腦並用的複腦文字。合體字整字的意義和聲音與構字部件的意義和聲音之間、單字與字組之間存在著有機關聯，學習漢字的過程，也是同時開發大腦左、右兩半球潛能的過程。（圖3-3）學習漢字，不單有利於右腦的開發，還有利於全面而平衡的全腦智力的開發，有利於大腦左右兩半球的協調發展。現代人體科學研究表明，右腦的開發對於兒童智力的發展具有決定性意義。

　　漢字的益智作用貫穿於一個人學習漢字、使用漢字的全過程。學習漢字有助於智力的開發和提升，糾正錯別字同樣有助於智力的開發和提升。

因為，這兩個過程對培養和發展兒童注意力、觀察力、理解力、記憶力、想像力和推導能力，具有異曲同工的作用。

　　中國傳統教育非常重視漢字學習。今天，隨著人們對漢字學習積極作用認識的日益深入，早教階段通過加強漢字教育來促進兒童的大腦發育、智能提高，已經得到越來越多人的認可和推崇。

▌ 美輪又美奐，「姑」「娘」俏佳人

在中國，對一位高齡老人最好的祝福是什麼？口語化一點，莫過於「長命百歲」；文雅一點，應該首推「福如東海長流水，壽比南山不老松」。請看下面這幅「畫」（圖3-4），畫面上，四個楷體字「长命百岁」的上面是一位慈眉善目的老爺爺的頭像。老爺爺的鼻子和眉眼，是「长」 长；後腦勺至脖頸，是「命」 𠂤；嘴巴和鬍子，是「百」 ⺆；「百」右側並列的，就是「岁」 岁。看到這些字，你是否會感歎漢字的神奇呢？原本一個個的方塊字，怎麼就拼成了一幅維妙維肖的人物頭像呢？更奇特的是，漢字不但可以變身、構圖，同一個漢字還可以變成不

圖3-4 「字」畫——長命百歲

69

圖 3-5 「字」畫——美麗的姑娘

圖 3-6 「字」畫——美麗的家鄉

同的樣子呢。請看另外的兩幅「畫」：（圖3-5）（圖3-6）

上面的一幅，是由「美麗的姑娘」拼成的；下面的一幅，是由「美麗的家乡」拼成的。這兩幅畫中，有三個相同的字：美、麗、的。這三個字，在兩幅畫中形態各異。在「美麗的姑娘」中，它們是這樣的：美麗的；而在「美麗的家乡」中卻是這樣的：美麗的。

看到這裏，我們不禁為這些「畫」設計上的匠心獨運拍案叫好。文字是通過視覺器官來感知、感受的書面符號系統，人類獲取信息的途徑百分之八十源於視覺的吸收。文字和圖片是當今社會視覺媒體的兩大要素，「文字設計是增強視覺傳達效果，提高作品的訴求力，賦予版面審美價值的一種重要構成技術」。漢字獨有的圖形化特質，使它的視覺

性、藝術性得到充分的發掘和利用。「在
現代視覺傳達領域中，文字是構築信息的基
本元素。而當文字由敘述向表現提升時，文
字的力量在以視覺為導向的平面版式設計中
非但沒有減弱，而是空前加強並與版面中其
他構成元素共建互動界面，成為傳達信息與
深化概念不可或缺的視覺要素，在平面視覺
語言的舞臺上展現自己個性魅力。」現在，
很多平面設計都在漢字的視覺性、形象性上
動腦筋、做文章，憑藉它來傳達使用者的藝
術想像和構思，帶給受眾更多美的享受。在
設計者那裏，「坏小孩」（圖3-7）可以圖像
化，「唐僧」（圖3-8）可以圖像化，「雄鷹
翱翔」（圖3-9）也可以圖像化。類似的漢字
「畫」，栩栩如生，活靈活現，讓人歎為觀
止。它們傳達的不只是漢字本身所記錄、表
達的意義，還有更高層面的審美愉悅和享
受，這是漢字這種特殊的拼形表意符號具有
的特殊美育作用。

如今，隨著電腦的日益普及和動漫技術
的迅速發展，人們進一步發揮漢字的視覺
性、象形性優勢，將漢字、漢字畫巧妙地動
漫化，運用於網絡中，使其維妙維肖地展現
在受眾面前，造成一種更加新穎獨特的視覺
效果：（圖3-10）

圖 3-7 「字」畫——坏小孩

圖 3-8 「字」畫——唐僧

圖 3-9 「字」畫——雄鷹翱翔

71

通過「笑」的動漫展示，把「笑」擬人化，使它立馬鮮活、靈動了起來。

圖 3-10　「笑」的動漫截圖（劉雪春截製）

「握手」與「笑」異曲同工：設計者不但讓「握」和「手」真正地拉起手來，還賦予它們「握手」的形體特徵——兩隻相握的手上下起伏，貌似兩個人真的在握手致意。設計者還有意將兩個漢字設計成一紅一綠，形成鮮明映照，讓觀覽者不由自主地聯想到紅男綠女、俊男美女，對眼前的漢字愈發地心生喜愛。

漢字畫、動漫字，只是當今社會平面媒體漢字使用中的一些個案。談到漢字的美育作用，應當首推歷史悠久、影響既深又廣的漢字書法。

漢字書法，即聞名世界的中國書法，是漢字特有的一種傳統藝術，即根據漢字的形體特點、意義內涵，運用特定書體筆法、結構和章法書寫漢字的表現藝術及其作品。書法是融入了書者對所書漢字作品深刻感悟的一

種再創造，優秀的書法作品因此成爲極富審美價值和藝術品位的藝術品。

　　漢字書法是漢族獨創的一種表現藝術。自甲骨文以來，歷朝歷代，從筆劃的運筆、收筆，到單字造型的對稱美、變化美，字與字、行與行之間排列佈局上的章法美，以及作品整體上的風格美，書家都有著獨特的理解、追求和實踐，甚至付諸筆端形成理論。在中國，書法被譽爲「無言的詩，無行的舞；無圖的畫，無聲的樂」。力透紙背、龍飛鳳舞、行雲流水、蒼勁有力、筆走龍蛇、入木三分……都是對書法藝術的高度讚美。現在，很多古代書法眞跡已成爲稀世珍品、無價之寶。〔圖3-11〕〔圖3-12〕

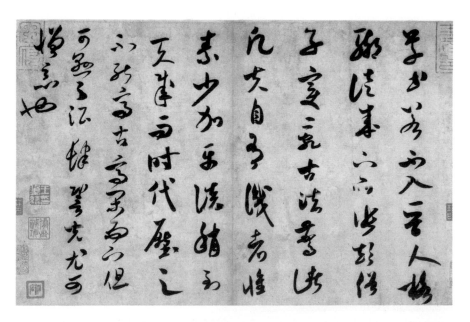

圖 3-11　北宋，米芾的草書帖　　　　**73**

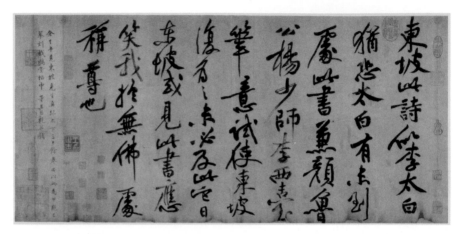

圖 3-12　宋，黃庭堅的行書作品《蘇軾
黃州寒食帖跋》

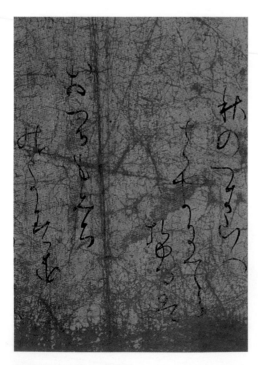

在一些深受中國文化影響的
國家和地區，也都有用漢字或
各自文字書寫的書法藝術，諸如
日本的書法「円（yuán）相」、
假名書法，越南的國語字書法以
及朝鮮和韓國的諺文書法等（圖
3-13）（圖3-14）（圖3-15），都或多
或少地受到中國書法的影響。有
人曾就漢字文化圈內上述各國的
非漢字書法作品與漢字書法作品
進行過比較，發現二者存在著很
多相同之處：第一，都以毛筆作
為書寫工具；第二，都用漢字書
法的筆法來運筆書寫；第三，

　　　　圖 3-13　日本假名書法作品

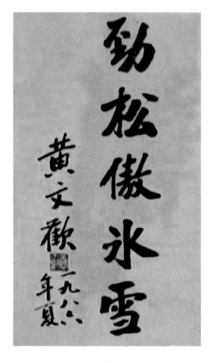

常常以詩詞爲書法題材；第四，常常在畫中題詞；第五，作品完成後都簽名蓋章；第六，有些作品字體形態比較相似。這恰恰是中國書法對這些書法產生影響的結果。

　　書法對修身養性、提升人的審美品位具有重要作用。現代社會，越來越多的人把書法作爲自己的業餘愛好。在傳統書法的基礎上又形成了突出創新、追求變化、融詩書畫爲一體的現代書法。（圖3-16）（圖3-17）

　　如今，書法藝術在世界範圍內受到越來越多的人的喜歡。到中國學習漢語

（上）圖 3-14　越南書法作品　　　　　　　　　（下）圖 3-15　朝鮮書法作品

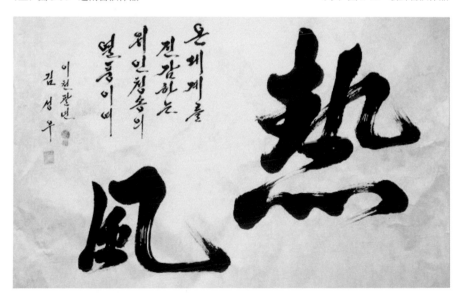

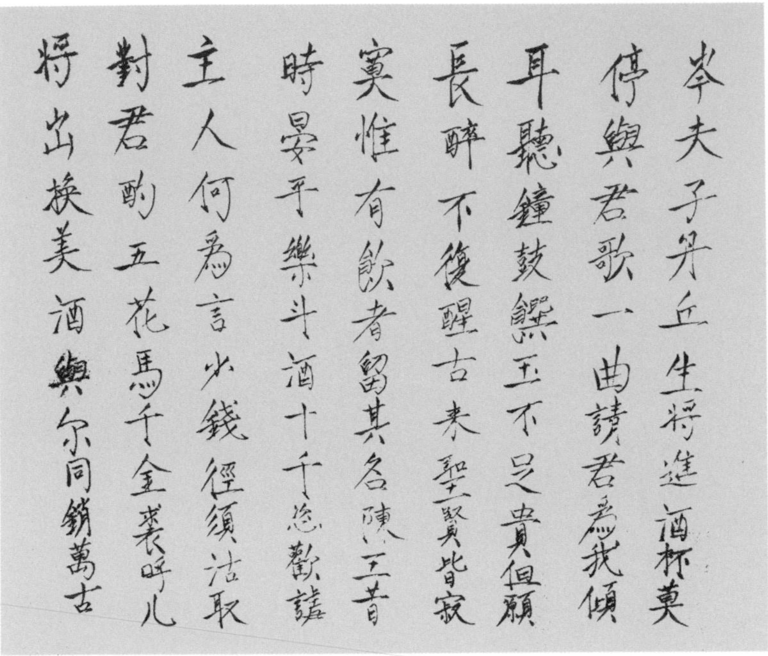

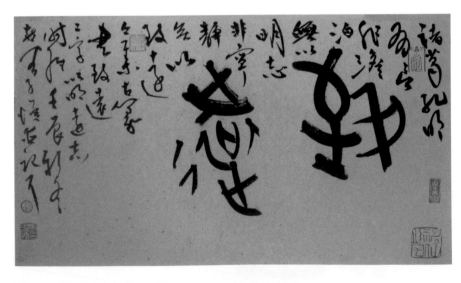

圖 3-16　瘦金體書法《將進酒》局部（劉佳鵬作品）

圖 3-17　篆書「致遠」（馬子愷作品）

的人當中，有很多人都專門選修書法藝術，其中不少人書法習作水準頗高
呢。

▌誰家住宅大，「凹」「凸」拼上下

「衣、食、住、行」，泛指人們穿衣、吃飯、住房、行路等基本的生活需要。其中，房屋在人們心中所佔的分量尤其大。所謂「住有所居」、「居有所安」、「安居樂業」，很大程度上反映了人們對居所的重視。因此，房屋價格成為今天中國老百姓最關注的問題。有一套自己的獨立住房，成為中國人尤其是年輕人夢寐以求的事情。人們對房屋、房屋價格，感情複雜。一則售樓廣告語極具針對性：「房子很豐滿，總價很骨感。」有的人反其道而行之，對廣告語進行了巧妙修改：「房子很骨感，總價很豐滿。」

下面的漢字笑話，也與住房密切相關：

凹對凸說，雖然咱倆房型不太一樣，但俺的住房面積並不差呀。

這則笑話，機智幽默，令人忍俊不禁。之所以能造成這種效果，與「凹」和「凸」的字形特點密不可分。（圖3-18）

與拼音文字不同，漢字字形具有方塊化、獨立存在、互不牽連、完整表意、意合成文等特點。特殊的字形特點，也給人們的娛樂生活提供了素材。

圖 3-18　書法「凹凸」(馬子愷作品)

中國人喜歡語言文字遊戲，把它看作是一種文化享受。人們以漢字爲材料，製作出種種別具風趣的字謎、酒令、歇後語、雙關語、聯語等。中國有元宵節猜燈謎的習俗，猜字謎是中國老百姓喜聞樂見的娛樂形式。（圖3-19）

　　小小字謎，蘊含著豐富多彩的文字知識。無論是製謎還是猜謎，都反映了一個人的文化水平、思考能力、分辨能力、想像能力。字謎常常是在漢字形體上做遊戲，盡情地圍繞著漢字的形體特點「玩」，在漢字的形體結構上「戲」。比如：

　　（1）一字生得奇，頭長兩隻角，肚中六張嘴，下面八字足。（典）

　　（2）一點一橫長，一撇向南揚，走來一個人，只有一寸長，手中提塊肉，一點也不香。（腐）

　　（3）二小，二小，頭上長草。（蒜）

　　（4）一隻盤子並不大，太陽月亮放得下。（盟）

　　（5）獨具匠心。（斤）

79

圖 3-19　元宵節寫滿燈謎的紅燈籠

　　（6）脫衣裳。（尚）

　　這幾則字謎，有的是依據一定的空間順序對漢字字形進行描述，如（1）
（2）；有的是對漢字整個字義以及各個可以獨立成字的部件的字面義加以
附會，如（3）（4）；有的是取謎面中特定漢字的一部分加以描繪，如（5）
（6）。它們含蓄幽默，機智靈動，讓人樂在其中。這種方法，經常用於初級
漢字教學中；它寓教於樂，使抽象、枯燥的東西變得趣味盎然，不但能激發
學習者的學習興趣，也有助於學習者聯想記憶。

　　對聯（圖3-20）也是獨具中國特色的傳統文化形式，人們常常利用漢字既可
橫寫也可豎寫的特點大做文章，在對聯中製成文字遊戲，爲生活增添情趣。
例如：

（1）日出東，月出西，天上生成明字；

子居右，女居左，世間配定好人。

（2）琴瑟琵琶，八大王一般頭目；

魑魅魍魎，四小鬼各具肚腸。

以上兩組對聯均利用了漢字的形體特徵：（1）組的「明」字、「好」字都是左右結構的，且各自由兩個字符拼合而成：日+月→明、女+子→好；（2）組「琴瑟琵琶」、「魑魅魍魎」兩組字的共同點顯而易見，「琴瑟琵琶」是上下結構，四個不同的字都包含部首「珏」，加在一起剛好有八個「王」；「魑魅魍魎」是半包圍結構，都包含部首「鬼」，每組字在結構上均有著自己的共通之處。

圖 3-20　漢字對聯「八子九孫日有喜，千秋萬歲樂未央」（馬子愷作品）

近幾年流行起來的手機短信文化，很多是利用漢字字形可拆分的特點達到某種特殊效果的。請看下面的短信：

相此

心二什麼？我

京尤矢口

道你

人相今

云心心我

口合口合

我也是

　　看懂這條短信了嗎？它說的是：「想些什麼？我就知道你會想念我。哈哈，我也是。」這條短信利用了合體字可拆分、拆開後仍有獨立意義的特點，將上下結構的「想」「些」「會」「念」和左右結構的「就」「知」「哈」一一拆分，上下結構的字拆分後利用手機屏幕分行顯示，左右結構的字拆分後拉長其橫向距離。讀信者一看不解，再看醒悟，繼而發出會心一笑，當在情理之中。

　　現在網上流行很多類似「凹」「凸」對話的「漢字趣話」，將漢字意合成文的特點挖掘得入地三尺，表現得淋漓盡致。這些趣話緊扣特定漢字的字形特徵，把一個個漢字人格化，使它們活靈活現地躍動在人們面前，或獨言，或對話，言語之間，既有對現實生活的描述，更有對現實生活的感悟。我們在發出由衷的會心一笑的同時，不禁爲創造者非凡的想像力、創造力拍手叫好，也愈發加深了對漢字形象性特點的理解：

　　巴對爸說：你可眞夠孝順的了，總能看著你背著你家老爺子到處遛彎。

　　壁對璧說：哥們兒，別謙虛了，我哪能和你比呀，咱倆的基礎差多了。

　　寸對过說：老爺子，小日子過得不錯啊，買躺椅了？

大對爽説：孩子，這次考試一共才幾道題呀，你就給爸爸錯了四道？

丁對打説：媳婦是用來疼的。以後對媳婦好點，長手就打呀？

囝對囡説：妹子，重男輕女的老腦筋該換換了，生男生女還不是一個樣？（囝：jiǎn，方言「兒子」；囡：nān，方言「小孩兒」）

健對建説：總和你在一起的那個人哪去了？

巾對帀説：兒呀，你戴上博士帽，也就身價百倍了！

七對皂説：大哥，有啥鬧心事呀，看把你愁得，頭髮都白了。

傘對平説：從防水的角度來看，人字房還是比平房好一些呀。

山對灿説：咱可是以沉著穩重而著稱的呀，你發什麼火呀？

知對痴説：做人要低調。別以爲有了我你就是知識份子了。

不但有上面的「單口趣話」，還有下面的「雙口趣話」：

兵對丘説：兄弟，腿哪去了？

丘回答説：聽説底盤低跑得快，沒想到「丘」這了，動不了了。

分對掰説：啥時候多出兩隻手呢？

掰回答説：應群眾要求，非讓我露兩手給大家看看！

人對閃説：怎麼不出來走走？別當家裏蹲了！

閃回答説：你整天不著家，不怕家裏人對你有意見啊？

日對曰説：喲，我説朋友，幾天不見，胖這麼多？

曰回答説：你的意思是説我該減肥了？

意對音說：你是我的心上人兒！

音回答說：你多心了！

類似的漢字遊戲，是對漢字特點的多側面解讀，漢字的娛樂功能在此得到了充分發揮。娛樂中閃現出的智慧之光，爲學習者、遊戲者增添了無窮樂趣，也讓人們充分體會到了作爲東方文明標誌之一的漢字具有的獨特魅力。

▌三潭印月美，「風」「月」放光輝

　　杭州西湖是中國的十大旅遊勝地之一，世人常常把杭州西湖和瑞士日內瓦的萊蒙湖比作世界上東西相對、交相輝映的兩顆明珠。宋代大詩人蘇東坡有詩讚美西湖：「欲把西湖比西子，淡妝濃抹總相宜。」西湖的美景可見一斑。從古至今，很多文人墨客到此流連忘返，為這一灣秀麗的湖水注入了許多文化意蘊。湖中有三島——三潭印月、湖心亭、阮公墩，合稱「蓬萊三島」。湖心亭島南，有一石碑，碑上寫著兩個字——「虫二」。（圖3-21）

　　據傳，這兩個字還是當年清代皇帝乾隆下江南時御筆所書呢。很多遊客初見這兩個字，都不得其意。原來，這是將繁體的「風月」外邊部分去掉，巧寓「風月無邊」之意而成。能夠令乾隆皇帝龍顏大悅，欣然題字，而且還設了機關，抖了包袱，可見西湖美景是多麼地令人心曠神怡了。其實，此處的「虫二」只是後人附會，並非乾隆真跡，真正的「虫二」在泰山上。

　　在泰山萬仙樓北側盤路西側，有一塊書有「虫二」的摩崖石刻。傳說，當年一個綽號叫「劉十二」（因十二歲考中秀才得此綽號），真名為劉廷桂的人與友人登泰山至此，面對眼前的秀麗山色，詩意大發，揮毫寫下了「虫

85

圖 3-21　杭州湖心亭的「虫二」石碑

二」二字。巧妙地拆分漢字，利用字形表達書寫者的眞情實感，足見漢字本身具有多強的表情達意作用了。（圖3-22）

漢字是脫胎於象形文字的意音文字，字形具有很強的「圖畫性」。有人說，對於詩歌而言，象形字是「理想之世界文字」。也有人說，漢字是一種感性的文字，靈動的文字，它的圖形性功能、隱喻性功能，不但能激發人們的想像力，還有助於人們以字抒情，借字達意。漢字因可以表達弦外之音，字外之意，給人無限的想像空間而具有了特別的魅力。一個「雨」（雨）字，使人彷彿能看到那點點滴滴，能聽到那淅淅瀝瀝；彷彿已經感受到了那來自蒼穹的滴滴甘露正紛紛揚揚地飄落大地，雨霧迷濛、禾苗承露的景致就那樣地展現在我們眼前。看到「笑」（笑）字，我們會想到喜笑顏開的模

圖 3-22　山東泰山上的「虫二」石刻

樣；看到「哭」（𡘜）字，我們會想到無比沮喪、傷心流淚的表情。一個人的臉是方形的，我們說他長著一張「國」字臉；一個人愁眉緊鎖時，我們說他眉字間凝成「川」字。說老虎頭上有個「王」字，既是對其額上花紋的形象描繪，又是對「百獸之王」威武、兇猛的烘托渲染。（圖3-23）秋風涼、落葉黃、北雁南飛時，我們說大雁「一會兒排成『人』字，一會兒排成『一』字」；一條小路彎彎曲曲，我們說它是「之」字形……

　　下面是巧用漢字表情達意的經典例子：

　　什麼是團隊？看這兩個字就知道。團隊就是一個有口才（「团」）的人對著一群有耳朵的人（「队」）說話。

　　短短的一句話，說話者對「团队」的獨特理解——一個團隊必須有一

圖 3-23　中國剪紙——老虎（劉雪春攝）

虎頭上是標誌百獸之首的「王」字。

個英明的決策者和一組服從命令、同心協力的人——躍然紙上。再看一副對聯：

　　凍雨洒窗，東兩點，西三點；

　　切瓜分片，上七刀，下八刀。

　　對聯是明代文學家蔣燾童年時期與其父之友巧妙應和作出的。相傳，蔣燾從小才思敏捷。一天，父親之友來訪，適逢秋雨淅瀝。友人即情就景，脫口說出上聯：「凍雨洒窗，東兩點，西三點。」將「凍洒」兩字拆爲「東兩點」「西三點」，道出當時秋景。其時，蔣燾之父與朋友正在吃瓜，蔣燾靈機一動對出下聯：「切瓜分片，上七刀，下八刀。」將「切分」兩字拆爲「七刀」和「八刀」，切合眼前實情。這兩人，巧分漢字，智作妙聯，妙趣橫生。

　　除了利用漢字的結構部件可分可合的特點表情達意外，人們還常常利用漢字字形、意義上的關聯，或直接或含蓄地表達字面意義以外的意思。中國古代「缺衣少食」的故事，即屬此列：

　　相傳，北宋年間，河南洛陽有位名叫呂蒙正的書生。他家道貧寒，但從小便才智過人，聲名遠揚。臨近年關，家家戶戶都張貼春聯，喜迎春節；呂蒙正家卻飢寒交迫，無以度年。呂蒙正觸景生情，提筆寫下一副春聯貼在了自家破屋門上。上聯是「二三四五」，下聯是「六七八九」，橫批是「南北」。他的字龍飛鳳舞，引來眾人圍觀，但無人能解其意。只有一位老者看

後連聲稱讚：「好對！好對！寫此對者，日後必成大器。」

　　原來，呂蒙正寫的是一副「歇後對」，字面上沒明說，字面外有餘音。上聯寫「二三四五」，單缺「一」；下聯寫「六七八九」，恰少「十」。「一」諧音「衣」，「十」諧音「食」，上下聯合起來，意思便是「缺衣少食」；橫批「南北」，缺少「東西」，言外之意是「沒有東西」。整副春聯連起來，言外之意是：缺衣少食，沒有東西。短短十個字的對聯，在漢字的諧音及聯想上做足了功夫，把自己的貧苦處境刻畫得維妙維肖，含蓄又機智，顯示了呂蒙正的過人才智。後來，呂蒙正考中進士，連任宋太宗、宋眞宗、宋仁宗三朝宰相，他的佳話也被代代相傳。

　　由上可見，漢字不只是被動記錄漢語的書寫符號系統，它還是人們主動抒情達意的有效工具。

▍漢字魔力大，「買」「賣」都愛它

　　前面，我們說到了漢字的益智、美育、抒情作用。漢字還有一個非常重要的作用，那就是它的宣傳作用。

　　漢字的宣傳作用，指的是人們常常從字形、字體上做文章，在語言、文字表達的意義之外，進行二次加工創造，傳達出語碼、字碼意思以外的意義。例如：

　　伴：意味著那人是你身體的另一半。（亻＋半）

　　令：今天努力一點，明天才有資格發號施令。（今＋、）

　　騙：一旦被人看穿，馬上就會被人看扁。（馬＋扁）

　　起：人生的每一次提升，都是自己走出來的。（走＋己）

　　舒：捨得給予他人，自己才會舒心。（舍＋予）

　　值：站得直，人的身價才高。（亻＋直）

　　短短的六句話，緊扣六個字的字形特點，表達了極富哲理的人生感悟，擲地有聲，發人深思。

　　公益宣傳、商業宣傳等領域對漢字的利用，通常從字形、字體兩方面

進行。

　　利用字形的變化達到宣傳之功效，主要途徑可以概括爲四個：

　　一是利用象形。即模仿實物的自然形態，將圖形和字形進行有機結合，利用圖形強化字意，利用字意深化圖形。某藥膳坊內的「家」匾牌堪

圖 3-24　某藥膳坊內的「家」匾牌（劉雪春攝）

稱一典：（圖3-24）

　　爲營造「賓至如歸」的氛圍，設計者有意以「家」爲主題元素，充分發揮聯想，深入挖掘漢字的意象特點，使用篆書的「家」，將「房子」、房內之「豕」，形象地展示在受眾面前。「家」與背景白、黑分明，「家門口」（上方）還有寓意「福到了」的倒「福」，「福」的兩邊是楷書

91

「福到家裏，萬事如意」，「家」的下方富有民族特色的十二生肖圖分列兩邊，隸書「萬事如意」居中，朱紅明黃的大背景，鏤空的黑色福框，整幅畫面和諧典雅，別具一格。

　　下面這則環保公益廣告直接從字形上具有特定關聯的漢字中獲取靈感

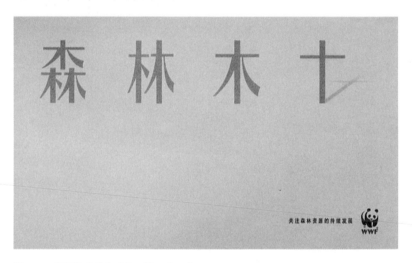

圖 3-25　環保公益廣告「森、林、木、十」

和素材，達到宣傳目的：（圖3-25）

　　這是世界自然基金會中國分部關於保護自然環境、進行可持續發展的公益廣告。設計者對「森」字逐級拆分刪減，將「森」→「林」→「木」→「十」這一演進過程呈現在人們面前，表達了「對森林的毀滅，終將給地球背上沉重的十字架，將人類帶往地獄之門」這一深層含意。設計者機智地利用了「森」到「林」、「林」到「木」、「木」到「十」筆劃越來越少這一字形特徵，逐步推進，把亂砍濫伐最終導致資源匱乏、地球植被慘遭破壞、人類社會必將瀕臨危境的嚴重後果真實地反映出來。「於無聲處聽驚雷」，其警示意義、宣傳效果，可想而知。

二是利用拆分。即結合字形特點，對構字要素進行拆離，進行創意化處理，從而傳達另外一種寓意。請看公益廣告「活—污」：（圖3-26）

這是一則倡導環保的公益廣告。作者巧妙地利用「活」的結構特徵，對其部件要素進行了「肢解」——一個偌大的「活」字，絕大部分被「污」佔據。它黑白分明，觸目驚心，向人們發出無言的警示：再不注意保護環境，再不進行污染控制，人類將無處容身、無以生存。

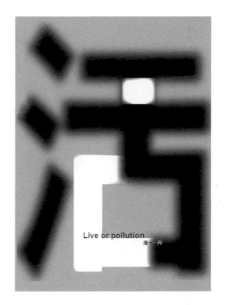

圖 3-26　環保公益廣告「活、污」

三是利用拼合。即結合字形特點，對其進行拼接或合併，從而顯現另外一種意蘊，傳達另外一種寓意。請看「北方‧尙品」的樓盤宣傳標誌：（圖3-27）

此設計的最大亮點有兩處：一是「尙」和「品」的變形、組合，變形後的「尙」和「品」造型新穎獨特，而且「尙」內之「口」與「品」上之「口」併合公用，構成了一幅生動和諧的畫面；二是對「北方」進行的中國印處理，增加了民族元素，突出了中國特色。整個設計構思新穎，構圖

圖 3-27　「北方‧尙品」的宣傳標誌

圖 3-28　北京 2008 年奧運會題名「篆書之美」的 35 個體育圖標

圖 3-29　北京 2008 年奧運會馬術項目圖標

別致，獨具特色。

2008年北京奧運會題名「篆書之美」的三十五個體育圖標（圖 3-28）的設計，也是堪稱經典的利用漢字進行構圖的圖標佳作。圖標設計以篆字筆劃爲基本形式，融合了金文的象形意趣和篆字的簡化寫意，將千變萬化的體育圖標與中國的漢字架構有機地結合到一起，得到了世界範圍內的高度讚譽。

馬術的圖標（圖 3-29），更是將中國傳統文化與世界現代藝術理念有機結合的上乘之作。馬背上的人形就是大篆中的「人」字，馬的形象也是由大篆中的「馬」字變形而來。整幅圖標別開生面，意趣盎然。無論是單線標準形式，還是傳統的拓片形式，均以對比強烈的黑白兩色爲主，凸顯了鮮明的運動特徵、優雅的運動美感和豐富的文化內涵，達到了「形」與「意」的和諧統一，將漢字藝術的無窮魅力與中國文化的深

94

厚底蘊展現得淋漓盡致。圖標展示的，不只是「篆書之美」，更是中國文化之美。

　　在中國民間，還有將多個字合併到一起構成民俗合體字、畫報、招牌等。我們來認認這些字：（圖3-30）

圖 3-30　剪紙吉語合成字「福祿喜壽、壽山福海」與「日進斗金、生意興隆」

　　「福祿喜壽」是「福」「祿」「喜」「壽」的合成字，「壽山福海」是「壽」「山」「福」「海」的合成字；「日進斗金」是「日」「進」「斗」「金」的合成字，「生意興隆」是「生」「意」「興」「隆」的合成字。這種字，雖然不屬於規範漢字，但它們是中國民俗與傳統漢字相碰撞的獨特產物，具有濃厚的民族色彩和文化底蘊，再加上其迎合了大眾心理的祈福內容，因而深受中國老百姓喜愛。

　　四是利用象徵。即利用漢字的構字元素，將其具象化，進而表達特定的象徵意義。請看這則勸誡酒駕的公益廣告：（圖3-31）

　　「酒」本是一個左形右聲的形聲字，形旁是「氵」，聲旁是「酉」。設計者將「酒」的構件進行了藝術化處理，對它們統籌安排，各賦深義：左邊三點水具象化為三滴鮮血，讓人不由自主地聯想到車禍現場鮮

圖3-31　以「酒」為設計元素的公益廣告

血遍地的慘烈景象；「酒」字右邊的「酉」分解為三部分——一部分是灰色的圓圈，一部分是鮮紅的「一」字，一部分是白色的無頭「大」字。灰色圓圈就像汽車輪胎，與鮮紅的「一」嵌套在一起，又構成了交通法規中「禁止駛入」的標誌符號；白色的無頭「大」字，極似一個四肢伸展躺在地上、頭顱已不知去向的人形。這幅畫面，觸目驚心，給人帶來了強烈的

視覺衝擊和心理震撼。酒駕帶來的惡果，不言而喻。這樣的「酒」字當前，勝過萬千說教。

利用字體變化達到宣傳之功效，主要通過兩種途徑：

一是巧用書法體。傳統的書法體有篆書體、隸書體、草書體、行書體、楷書體五大類，每一類又可細分。書法是中華文化的精髓，很多富含民族元素的宣傳，都會利用與宣傳內容相應的書體漢字為宣傳助力添彩。比如下面紫砂茶壺、藝術瓷瓶上的書體漢字：（圖3-32）

圖 3-32　以漢字為設計元素的紫砂茶壺、藝術瓷瓶（馬子愷創意）

茶、陶瓷、書法都是中華文化的精髓部分，是中華民族智慧的象徵。文人雅聚，詩、書、琴、畫、茶、酒常常是主題元素。用不同的書法字體、中國印作為茶葉禮盒、陶瓷工藝品的視覺元素，可以使兩者相互輝映，相得益彰，中華文化也得到了渲染和彰顯。

二是巧用美術體。美術體是指為了美化版面、增強藝術品位而使用的一些非正常的印刷用字體，通常做法是對漢字的筆劃和結構進行一些形象化的處理，常用於招貼、標識、書刊封面、文章標題等。在中國，過春節時門口要貼對聯，家中要貼「福」字；新婚大喜時，男方家門口要貼

97

「囍」（雙喜），女方家門口要貼「禧」（示部喜）；給老人祝壽，也要
懸掛一幅大「壽」字或以「壽」爲元素的祝福性字幅。這些「福」「喜」
「壽」字，有很多美術體。（圖3-33）

圖3-33 「囍」字、「禧」字、「福」字和「壽」字剪紙

　　總之，漢字集傳統元素和民族元素於一身，「象形」的特點使漢字字形具有了獨特的視覺美感，通過改造其字形、字體，可以增加其意義，擴大其意義容量，使越來越多的漢字創意得以發掘、利用、發揚光大。漢字在各類宣傳中發揮的重要作用，有目共睹。

方寸天地

中國漢字

④

漢字的形體流變

▋ 殷商時期話殷契，商周金文堪比金

字的形體，指的是漢字的書寫外形。特定歷史時期形成的獨具特點的形體，就是「字體」。漢字的形體，在歷史上經歷了五種正式字體（甲骨文－金文－篆書－隸書－楷書）和草書、行書等輔助字體的變革，它們是現行漢字的前身。現行漢字的形體，首先分手寫體和印刷體，手寫體主要有楷書、草書和行書，三者有機結合，又形成行楷、行草等變體；印刷體主要有宋體、仿宋體、楷體、黑體等。

說到甲骨文，很多人都知道；但說到「殷契」，大概就會有人產生疑惑。「殷」在此表示的是「商代後期」之意，「契」可以表「證券、文書」、「用刀雕刻」、「刻的文字」等義，在此表示「刻的文字」。「殷契」就是甲骨文，是中國商代中、後期（前14世紀—前11世紀）王室占卜記事時刻在龜甲、獸骨上的文字。那時，統治者非常迷信，天會不會下雨，農作物會不會豐收，一定時間內有沒有災禍，戰爭能不能獲勝，需要祭祀哪路鬼神，做的夢預示著什麼，及至生育、疾病等，都要通過占卜去了解鬼神的意志和事情的吉凶。用於占卜的材料，主要是烏龜的腹甲和牛

圖 4-1　殷商甲骨文《祭祀狩獵塗朱牛骨刻辭》

的肩胛骨。通常做法是在用來占卜的甲骨背面挖或鑽出一些小坑，然後在小坑上加熱，使甲骨表面產生裂痕。這種裂痕便是「兆」，也就是占卜的「卜」，從事占卜的人就根據卜兆的形狀判斷吉凶、領悟鬼神旨意。甲骨文的內容，主要是記錄占卜的情況，諸如占卜者、占卜時間、占問內容、視兆結果、占後驗證等；還有少數記事刻辭，涉及當時的宗教、祭祀、天文、曆法、氣象、農業、畜牧、田獵、地理、方國、世系、家族、人物、生育、交通、征伐、刑獄、疾病、災禍等。（圖4-1）

　　說起甲骨文，還有一個故事呢。那是清朝光緒年間（19世紀末），當時的最高學府國子監的祭酒（相當於校長）王懿榮（1845—1900）（圖4-2）因病服藥，看到一味名叫「龍骨」的中藥上刻著一種貌似文字的圖案，

圖4-2　中國甲骨文之父王懿榮

再去翻看倒掉的中藥渣，發現裏面的龍骨上也有類似圖案。他去中藥鋪買下了所有的龍骨，發現每片龍骨上都有相似的圖案。於是他開始重金收購此類甲骨，共獲一千五百多片。經仔細辨認和比對，他確定這是殷商時期的一種已經比較完善的文字。後來，學者、商人們找到了龍骨的出土地——河南省安陽市洹河邊上的小屯村（商朝後期都城所在地），從那裏又發掘了一大批龍骨。由於這些龍骨主要是龜甲獸骨類的東西，人們將其統

稱爲「甲骨文」，王懿榮因此被譽爲中國的「甲骨文之父」。

甲骨文主要是刻在甲骨上記錄占卜之事的文字，因此也叫卜辭、契文、貞卜文字；又因發現於殷墟（商朝後期都城遺址），故也叫殷墟卜辭、殷墟文字。

甲骨文（圖4-3）一般是用刀具刻在質地堅硬的龜甲和獸骨上，所以字形上的突出特點是筆劃線條細瘦，直筆多，拐彎處較多方筆，每個字稜角分明，字與字大小不一，參差不齊。據統計，至今發掘出的甲骨近十六萬片，甲骨文單字計約

圖4-3　甲骨文圖示　　　103

四千五百個，已有研究考證的約三千字，釋讀較一致的約一千五百字。從已釋讀的單字來看，字的圖畫特徵仍較為明顯，結構尚不定型，偏旁也不固定，異體字較多。總體而言，甲骨文數量可觀，已可以記錄較為複雜的內容，具備了象形、會意、形聲、指事、轉注、假借造字法，雖然不帶表音成分的字佔絕大多數，但帶表音成分的形聲字已佔約百分之二十七，而且還有少量假借字。學者們由此斷定：甲骨文已是相當成熟和發達的文字系統，漢字的萌芽時期應繼續向前追溯。

甲骨文是今天我們所能看到的最早成體系的漢字資料，是對當時社會生活的真實記錄，是後人研究中國古代社會尤其是商代社會特別珍貴的第一手資料，對於學者們研究漢字的起源和發展，有著極其重要的意義。現代漢字與甲骨文一脈相承，由甲骨文發展演變而來。

金文，也叫銘文、鐘鼎文，是商、周時期刻、鑄在青銅器上的漢字。青銅是銅與錫的合金，中國在夏代就進入青銅時代，銅的冶煉、銅器的製造已非常發達；到商、周時，青銅器的製造更是到了爐火純青的地步。由於青銅器中以鐘和鼎最多（鐘是樂器的代表，鼎是禮器的代表）（圖4-4），

圖 4-4　周代，青銅器──鐘和鼎

圖 4-5　商周時期，散氏盤及其盤內銘文拓片

「鐘鼎」便成了青銅器的代名詞；又因青銅器上的金文以鐘、鼎上的字數最多，所以，刻、鑄在青銅器上的漢字又被稱作「鐘鼎文」。（圖4-5）

金文始於商末，流行於西周。青銅器上的金文，字數不等，內容也各不相同，所記內容與當時的社會生活，尤其是王公貴族的各種活動密切相關，除了表彰仁德、頌揚祖先王侯們的豐功偉績，還記錄了祭祀、慶典、賜命、盟誓、契約、征伐、圍獵等重大事件。於是，這些青銅器，尤其是禮器，也就成了象徵權力和禮治的鎮國之寶。周天子賜封諸侯大夫時，一定要賜予重器（青銅禮器）作爲信符標誌。征伐中，消滅了某個國家，也一定要毀其宗廟遷其重器。春秋戰國時期，烽火不斷，戰爭頻繁，瀕臨滅亡的國家往往會藏起重器，以免被外掠；貴族死去後，也常常拿青銅器陪葬。因此，中國出土的文物中，古銅器很多。

《毛公鼎銘》《虢季子白盤銘》、《大盂鼎銘》和《散氏盤銘》被稱爲青銅器銘文中的「四大國寶」。毛公鼎上的銘文計有497個字，可謂鴻篇巨制。（圖4-6）

據統計，已收集的金文單字有五、六千個，能釋讀的有二千多個。雖然金文與甲骨文一脈相承，但金文在字形結構上仍有自己的特點：總體而

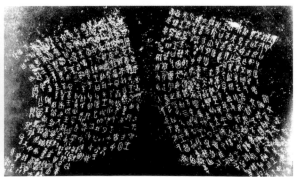

　圖 4-6　毛公鼎及其鼎內銘文拓片

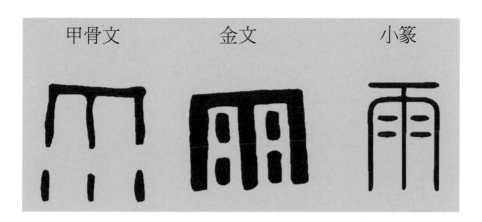

甲骨文　　金文　　小篆

圖 4-7　甲骨文、金文、小篆的「雨」

言，字的圖畫特徵減弱，符號性增強，但由於很多情況下是澆鑄前先將銘文在模具上刻好，再仔細加工，故有的字圖畫性更加突出；由於很多金文是澆鑄在青銅器上的，所以筆劃較肥大厚實，豐滿圓渾，「肥筆」「圓筆」較多；（圖4-7）有些字的筆劃增減、偏旁部首的安排還不是很固定，異體字仍較多；字體規格漸趨統一，形體較甲骨文更趨整齊、勻稱、方正，結構也更成熟；行款日漸定型，絕大多數的金文採取了從右到左的書寫格式。

　　不難看出，由甲骨文到金文，漢字在趨向定型。

▎功過是非說始皇，異彩紛呈看戰國

說起中國，很多國際友人馬上會想到萬里長城和兵馬俑；說到萬里長城和兵馬俑，就不能不提秦始皇。

秦始皇（前259—前210）（圖4-8），又稱秦嬴政，是秦朝的開國皇帝，也是中國歷史上的第一位皇帝，被後人譽爲中國歷史上最著名的政治家、改革家、戰略家、軍事家。他首次完成了中國的統一，把中國推向了大一統的時代。他十三歲繼承王位，二十多歲開始統兵征戰，先後吞併齊、楚、燕、韓、趙、魏六個諸侯國，徹底結束了戰國時期群雄割據的歷史，三十九歲就完成統一中國的大業，

108　　圖 4-8　秦始皇像

圖 4-9　中國秦始皇陵墓中出土的兵馬俑

創立了中國歷史上第一個多民族統一、中央集權的郡縣制王朝—— 秦王朝
（秦朝）。中國今天的版圖格局，基本上還是他當年奠定的秦朝格局；他
創立的中央集權的專制制度，在中國延續了二千多年。他在位三十七年，
在政治、經濟、軍事、文化各個領域進行了一系列改革。他在中央實施三
公九卿制，在地方廢除分封制實行郡縣制，在全國範圍內統一文字、貨幣
和度量衡，對中國歷史的發展產生了深遠影響。「書同文，車同軌，行同
倫」，是對當時情形的精妙概括。舉世聞名的萬里長城、兵馬俑，都與他
密不可分。秦始皇陵是迄今為止「世界上規模最大、結構最奇特、內涵最
豐富的帝王陵墓之一」，所以才會有「古埃及的金字塔是世界上最大的
地上王陵，秦始皇陵是世界上最大的地下皇陵」之說，秦始皇陵兵馬俑
（圖4-9）曾被法國前總統希拉克讚譽為可與古埃及金字塔、古希臘雕塑相媲

109

美的「世界第八奇蹟」。

　　「書同文」，說的就是秦始皇統一中國之後，採納丞相李斯的建議在全國範圍內實行的文字改革。具體做法是廢止與秦國文字不同的其他六國文字，規定統一的漢字書寫形式——小篆。這一工作具體由李斯負責。李斯在秦國原本使用的大篆籀文的基礎上，刪繁就簡，同時規定字形，消

　　圖 4-10　《泰山刻石》拓片和《嶧山刻石》拓片

除其他六國的異體字，最終創製出了統一的漢字書寫形式，結束了長期以來「文字異形」的局面。「書同文」是中國文字史上的一次重大改革，真正實現了漢字由象形文字到純粹表意文字的演進。小篆成為標準字體，漢字才歸於統一和定型化。此後的演變，不再是字形構造或造字原則上的變化，而是偏重於筆劃減少或筆勢方圓曲直的變化。小篆以秦刻石為代表，目前秦刻石世上僅存泰山刻石和嶧山刻石兩處。（圖4-10）

小篆的特點主要表現在四方面：一是字形為長方形；二是筆劃橫平豎直，粗細基本一致；三是從局部到整體講求平衡對稱；四是字形上緊下鬆。

由於小篆是秦始皇統一六國後實行的標準字體，所以也有人將小篆稱作「秦篆」，將小篆之前春秋戰國時期秦國使用的文字稱作「大篆」。秦國的大篆以籀文和石鼓文為代表，所以，大篆也稱籀文、石鼓文。據說，「籀文」是因錄於字書《史籀篇》而得名，「石鼓文」則是因刻在鼓形石頭上而得名。（圖4-11）

上面說的「大篆」，是狹義的大篆，還有廣義的大篆。廣義的大篆指的是包括狹義大篆在內的先秦時期的所有文字，包括甲骨文、金文、籀文以及春秋戰國時通行於六國的其他文字。小篆與大篆一脈相承，人們也將大篆和小篆統稱作「篆書」。

大篆的特點首先是象形性很強，具體表現是象形字很多，表形的方法很多，大多屬於因形立意，即依照所表現事物對象的外形確定字形。大篆的第二個特點是結字有很大的靈活性，筆劃、部件的分佈結構還比較靈活，書寫形式很不一致，一字多形現象突出，異體字數量很多。比如，寫一個「人」字，可以是側向而立形「休」（休：從人、從木）、「何」（何：從人、從戈），也可以是彎腰勞動形「佃」（佃：從人、從田）、「眾」（眾：從采〔三人〕、從目），還可以是或跪或坐形「即」（即：

111

圖 4-11　秦代，石鼓及石鼓文拓片

從皀、從卩；卩爲坐人形）、「卻」（卻：從卩、從谷；卩爲人下跪形）。據考證，那時的「羊」字有二十多種寫法。大篆的第三個特點是發展到後期筆劃完成了線條化，變得工整簡練，線條變得勻圓柔和，並有橫豎行筆，結構趨於整齊、規範，形體趨於方正。

小篆是在大篆的基礎上整理、簡化而成，字形簡化了，筆劃簡單了，結構也更加勻稱、整齊，筆劃線條略帶弧形，偏旁也較爲固定，減少了不少異體，字形進一步定型化，佈局上多爲板塊狀。小篆爲後來的方塊漢字奠定了基礎。

因形立意，使得漢字「活潑生動，古趣盎然」。以《說文》中的十二生肖爲例：「鼠」（圖：小篆）、「牛」（半：小篆）、「虎」（虎：小篆）、「兔」（兔：小篆）、「龍」（龍：小篆）、「蛇」（蛇：小篆）、「馬」（馬：小篆）、「羊」（羊：小篆）、「猴」（猴：小篆）、「雞」（雞：小篆）、「狗」（狗：小篆）、「豬」（豬：小篆），它們形態各異，形象性、趣味性躍然紙上。（圖4-12）

小篆是中國歷史上第一次全國性的由官方行爲規範化的漢字字體，它的誕生標誌著漢字的統一。在漢字規範化和符號化的進程中，小篆發揮了極其重要的作用。

《說文》是小篆資料保存最豐富、最完備的工具書。《說文》還是中國第一部按部首編排的字典，開創了部首檢字之先河，許愼將《說文》所收九千三百五十三個漢字歸入了他根據字形創立的五百四十個部首，又將五百四十部據形繫聯歸併爲十四類。全書正文按十四類分十四篇（卷末敘目另立一篇，共計十五篇），逐一列出各字的小篆體（如果古文或籀文不同，小篆之後再列出古文和籀文）後，再具體解釋其本義，進而闡釋字形與字義或字音間的聯繫。這對理解某字的本義，追溯字義的演變，具有重要價值。以「及」字爲例，《說文》中「及」的小篆形體由一個人和一隻

113

圖 4-12 甲骨文、小篆、楷書的十二生肖字形

手組成（⿰），很像一隻手從後面抓住了一個人。《說文》釋義：「及，
逮也，從又從人。」有了「及」的小篆字形，加上《說文》的釋義，理
解「及」的本義易如反掌。再如，「人民幣」的「幣」字，它是個現代
漢字，其繁體字爲「幣」（⿱），本義是用於饋贈的絲織品。《說文》釋
義：「幣，帛也。從巾，敝聲。」了解了「幣」的本義，也就不難理解
上古時期人們爲什麼把使者們在外交場合常用的禮物「玉」、「馬」、
「皮」、「圭」、「璧」、「帛」稱爲「六幣」了。

　　曾有人將秦始皇實行文字改革前的六國文字與秦國文字進行比對，結果發現七國的文字字形上很相似。人們由此推斷：這些文字並非各自獨立產生，應該有一個相同的源頭；或許起初就是一種文字，隨著各諸侯國的興起、割據，幾百年獨立的文化發展之後，各國文字才顯現出既有差異又很相似的特點。（圖4-13）

　　小篆一直流行到西漢末才逐漸被隸書取代。由於它字體優美，具有很高的審美價值，至今仍受到書法家們的青睞（圖4-14）；又因其筆劃複雜，

圖 4-13　七國的「馬」字和「安」字

形式奇異，可根據需要添加曲折，被廣泛運用於書法和篆刻。2008年北京奧運會徽標是一個極富中國特色的中國印，印中舞動著的紅色「京」字給世人留下了深刻印象。（圖4-15）

　　前面我們主要介紹了大篆和小篆。春秋戰國時期，中國正值封建社會取代奴隸社會的轉折時期，生產力的迅猛發展帶動了科技文化的異常繁榮，「百家爭鳴」使歷史、文學、哲學方面的鴻篇巨制不斷湧現，文字的

圖 4-14　表現唐人詩意的古篆書《山居秋暝》（馬子愷作品）

應用範圍日益廣泛。主要書寫工具轉變爲竹簡和縑帛，促進了文字的發展變化。春秋五霸，戰國七雄，由於地理和政治原因，「田疇異畝，車塗異軌，律令異法，衣冠異制，言語異聲，文字異形」。正因爲「文字異形」（戰國時西方秦國與東方六國所用文字的差異），才有了此後秦始皇統一中國的「書同文」改革。今天，人們把當時六國所用文字統稱作「六國古文」。今人對六國古文的了解，主要借助《說文》、《三體石經》中保存的六國文字以及後世出土的六國金文、玉石文、簡帛文、貨幣文、璽文、陶文等。

116

　　春秋中後期至戰國時代，吳、越、楚、蔡、徐、宋等南方諸國的金文裏盛行一種特殊的美術體──鳥蟲書。這種字的特點是將一些筆劃寫成鳥、蟲的形象，或將文字與鳥、蟲形融爲一體，或在字旁與字的上下附加鳥形，具有很強的裝飾性。鳥蟲書主要見於青銅器尤其是兵器上，少數見於容器、璽印、禮器或印章上。（圖4-16）

圖 4-15　北京 2008 年奧運會徽標──舞動的北京

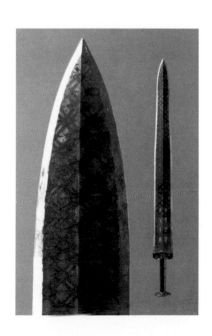

圖 4-16　越王勾踐劍上的鳥蟲書「越王勾踐　自作用劍」

117

《說文‧敘》把鳥蟲書列入「秦書八體」（大篆、小篆、刻符、蟲書、摹印、署書、殳書、隸書）。其實，鳥蟲書只是金文的一種特殊形式，並非獨立字體。

█ 功不可沒話隸書，唯獨草書不入格

　　字的形體在歷史上經歷了五種正式字體，分別是甲骨文、金文、篆書、隸書和楷書。前三種字體我們已有初步了解，從篆書演變而來的隸書又是怎樣的一番情景呢？

　　「隸」本義是「附著」，這一意義沿用至今，現代漢語中仍然保留著「隸屬」這個詞。隸書最初是作為篆書的一種輔助字體出現的，其直接源頭就是篆書。西晉衛恒的《四體書勢》曾記載：「隸書者，篆之捷也。」大意是：隸書是在篆書的基礎上，為了適應書寫的便捷快速而產生的。與篆書相比，隸書在結體上更加簡潔，字形變圓為方，筆劃改曲為直，改連筆為斷筆。（圖4-17）

　　隸書分秦隸、漢隸和八分。秦朝以小篆為標準字體，此外還通行隸書，故後人稱之為秦隸。秦隸是官府裏下層的小官吏們日常書寫文書時所用的字體，字體比小篆方正一些，實際上是寫得潦草一點的小篆。發展到漢代，隸書逐漸定型為漢隸。漢隸更加簡單易寫，逐漸取得了統治地位，成為通行的正式字體。魏以後隸書被稱為「八分」。由於漢隸晚於秦隸，

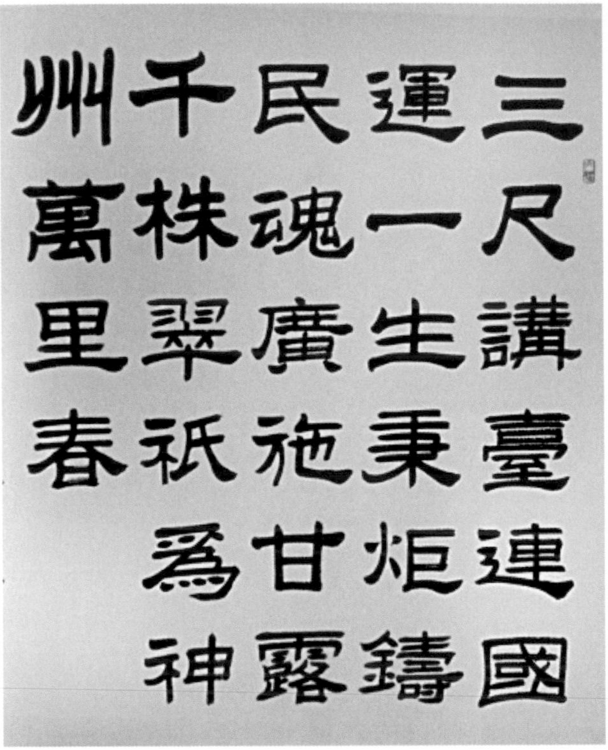

圖 4-17　隸書書法（王訊謨作品）

人們又把漢隸稱作今隸，秦隸稱作古隸。

隸書起源於秦朝，盛行於漢代，東漢時達到頂峰，故中國書法界有「漢隸唐楷」之稱。隸書的出現，是漢字演變史上的一次重大改革，它打破了以往的書寫傳統，爲楷書奠定了基礎，所以後人把「隸變」視爲古今漢字的分水嶺。

由小篆演變爲隸書的過程便是人們所說的「隸變」。隸變表現出五個特點：

第一，解構篆體。不再顧及象形原則，改曲爲直，把古字「隨體詰詘」的線條分解或改造成平直的筆劃。

第二，分化偏旁。有意區別一個字獨立成字和用作偏旁的寫法。

第三，合併偏旁。把一些生僻或筆劃多的偏旁，形成形狀相近、筆劃較少，又比較常見的偏旁。

第四，簡省結構。把篆書的兩筆並爲一筆，或把兩個以上的偏旁或偏旁所含部分合併，改成較簡單的筆劃結構。

第五，變圓轉連筆爲方折斷筆。形成點、橫、豎、捺、鉤、折等筆劃。

凡此種種，無外乎是爲了簡化字形，便於書寫。隸變結束了古文字的歷史，開啓了今文字的篇章，在漢字演變史上功不可沒。隸變使中國文字進入更爲定型的階段，隸變後的文字更接近現在所用的定型方塊漢字，並沿用至今。

東漢中期，隸書演變出一種俗體，筆法更簡潔，波挑徹底消失，不再有「蠶頭燕尾」式的裝飾用筆。由於這種俗體書寫更簡便，成爲當時日常生活中的通用書體。現代書法家啓功先生將其稱爲「新隸體」。新隸體的出現爲後來行書和楷書的萌芽、發展奠定了基礎。

下圖是幾幅隸書傳世之作。透過這些傑作，我們可以更加眞切、形象

圖 4-18 《張遷碑》拓片　　　　　　　　　　　圖 4-19 《曹全碑》拓片

地感受到隸書的形體特點。（圖4-18）（圖4-19）

隸書字形寬扁，字體莊重穩健，橫長直短，所謂「蠶頭燕尾」「一波三折」。它的撇、捺等筆劃美化爲向上挑起，輕重頓挫富於變化，極具藝術欣賞價值。

漢字是漢語最重要的輔助性交際工具，在不影響功能發揮的前提下，儘量追求簡潔性、經濟性是其形體發展的基本方向。基於這種追求，一種在隸書基礎上書寫起來更加簡便的字體應運而生，它就是草書（圖4-20）。

草書始於漢初，主要用於起草文稿和通信，當時通用的是草隸，後來逐漸發展形成具有藝術價值的章草。漢末，章草變革爲今草，字的體勢一筆而成。唐代張旭、懷素又將其發展成爲筆勢連綿回繞、字形變化繁多的狂草。章草、今草和狂草，各具特點：章草筆劃省變，有章法可循；今草

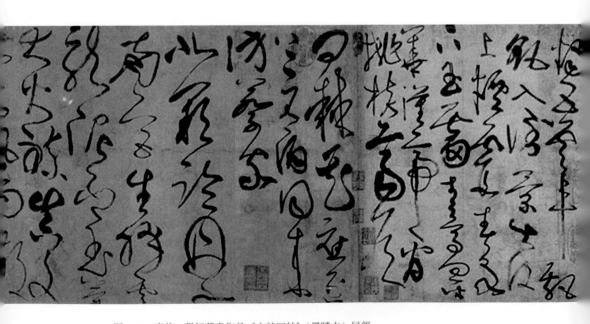

圖 4-20　唐代，張旭草書作品《古詩四帖》（墨蹟本）局部

不拘章法，筆勢流暢；狂草出現於唐代，筆勢狂放不羈，成爲完全脫離實用的藝術創作。至此，草書成爲只是書法家臨摹、把玩的書體樣式。草書在書法藝術領域爐火純青、登峰造極，但在文字使用規範的道路上卻漸行漸遠。

　　草書雖然非常便於書寫和記錄，但卻非常不易爲他人辨識，有時甚至連書寫者本人也看不懂自己的筆墨。這樣，草書就失去了文字符號作爲輔助性交際工具的基本功能。因此，草書一直以來只是一種輔助性字體，在漢字演變過程中遠沒有隸書那樣不可撼動的地位，這也是所謂「草書不入流」之說的由來。說它不入流，並非指它書法字體不入流，而是指在人們日常生活中選擇、使用字體時它不入大眾「法眼」，不入日常之流。有人曾專門檢索過《全唐詩》，發現裏面所有讚美書法的詩歌都對草書大加稱

圖 4-21　唐代，懷素狂草作品《自敘帖》局部

頌。中國唐代大詩人杜甫、李白，都有此類詩作，李白還有專門稱讚懷素及其草書的詩歌：

少年上人號懷素，草書天下稱獨步。

墨池飛出北溟魚，筆鋒殺盡中山兔。

…………

吾師醉後倚繩床，須臾掃盡數千張。

飄風驟雨驚颯颯，落花飛雪何茫茫。

起來向壁不停手，一行數字大如斗。

恍恍如聞神鬼驚，時時只見龍蛇走。

左盤右蹙如驚電，狀同楚漢相攻戰。

（李白《草書歌行》節選）

《自敍帖》（圖4-21）是懷素晚年的草書代表作，通篇用狂草書就。仔細觀察《自敍帖》，看看你能辨認出多少個字。

▌楷草聯袂行書起，楷行縱橫兩相宜

　　說起「楷書」，大家都不陌
生。在今天的社會生活中，漢字楷
書體的應用相當廣泛。官方正式發
佈的文件和一般報刊、書籍，使用
的大多數是楷書。現在市面上流行
的硬筆字帖，也多是用楷書寫成
的。楷書寫起來橫平豎直，方方正
正，字形美觀，辨識容易，所以深
受人們的喜愛。（圖4-22）

　　楷書又稱止書，也稱眞書。
「楷」是「楷模」之意，「楷書」
就是可作爲楷模效法、模仿、學習

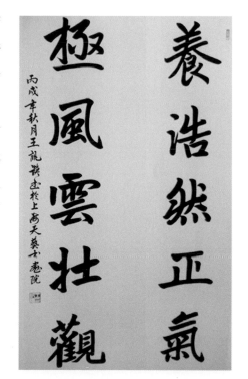

圖 4-22　楷書對聯（王訊謨作品）

的字，後來才成為「楷書」這種字體的專有名稱。

　　楷書形成於漢末，流行於魏晉，全盛於隋唐，是迄今通行時間最長的漢字標準字體。它由隸書發展而來，特點是：形體方正，筆劃平直無波磔，書寫方便。

　　楷書分小楷和大楷。前者是楷書之小者，創始於三國魏時的鍾繇；後者是一寸以上、數寸以下見方的；較大楷更大的楷書被稱為「榜書」、「擘窠書」或「擘窠大字」（圖4-23）。學書法者，通常從大楷練起，繼而練小楷，再練榜書。

　　初期的楷書雖然改變了隸書的圓筆，加上了鉤、提等結構，但仍保存著古隸書橫畫長、直畫短的特點。

　　中國書法史上有著名的四大楷書書法家──歐陽詢、顏真卿、柳公權、趙孟頫，他們的書法被分別尊稱為歐體（圖4-24）、顏體（圖4-25）、柳體（圖4-26）、趙體（圖4-27）。

　　圖4-23　山東曲阜孔廟石坊榜書題字「金聲玉振」

圖 4-24　唐代，歐陽詢《九成宮碑》拓片

圖 4-25　唐代，顏真卿《多寶塔碑》拓片

圖 4-26　唐代，柳公權《神策軍碑》拓片

圖 4-27　元代，趙孟頫《玄妙觀重修三門記》拓片

流傳下來的魏晉書帖中，鍾繇的《宣示表》（圖4-28）、《薦季直表》和王羲之（303—361）的《樂毅論》（圖4-29）、《黃庭經》較有名。鍾繇在一些重要場合（比如給皇帝上表）常常把字寫得比平時所用的隸書更端莊，慢慢便形成了最初的楷書。

圖 4-28　三國，鍾繇《宣示表》刻帖　　　　　　　圖 4-29　東晉，王羲之《樂毅論》刻帖

128

王羲之與其子王獻之在此基礎上把楷書進一步發揚光大，使楷書字體變得更加美觀。儘管楷書在漢魏之際形成，但整個魏晉時代使用楷書的僅限於一些文人學士，一般人仍使用介於新隸體和早期行書之間的字體。進入南北朝後，楷書逐漸取得統治地位成為主要字體。南北朝早期的碑刻、墓誌上，基本上都是楷書。此時的楷書在筆法和結體上都明顯保留著新隸體的痕跡，仿古傾向明顯。由於使用這種楷書的北魏碑誌數量很多，後人便將這種楷書稱為魏碑體。（圖4-30）（圖4-31）

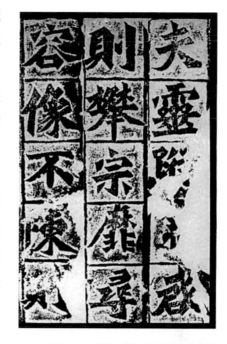

圖4-30　北魏，《始平公造像記》拓片

圖4-31　當代書法家對魏碑的傳承：《心經》局部（馬子愷作品）

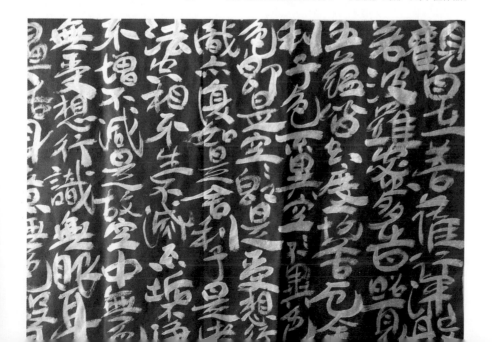

129

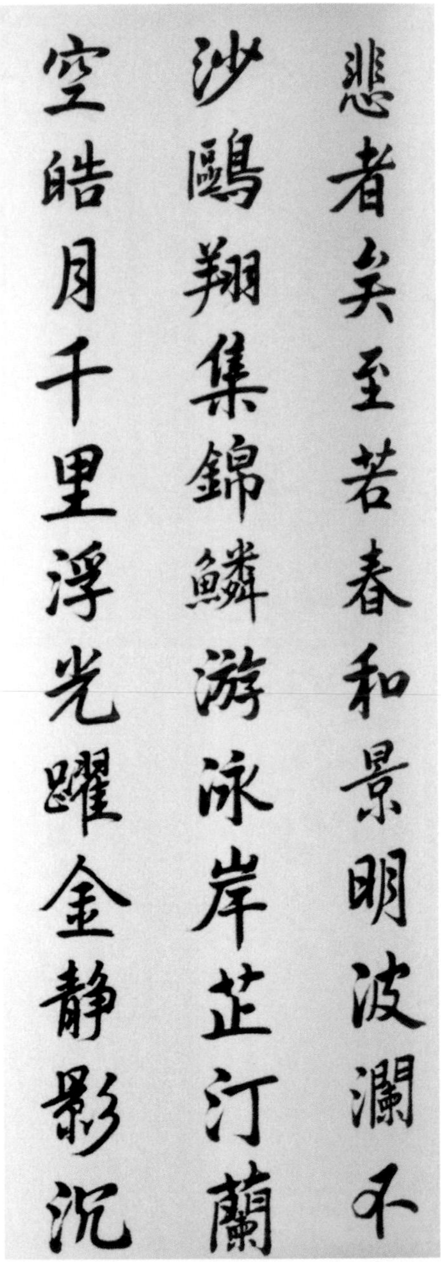

到了唐代，楷書已是非常成熟的書體，書家輩出，盛況空前。「楷書四大家」中唐朝就佔了三位——歐陽詢（初唐）、顏真卿（中唐）、柳公權（晚唐）。其書法作品被後世奉為習字典範，代代效法。

如果說漢魏是楷書的初始期，唐是楷書的成熟期，宋元就是楷書的延伸期。不同於前兩個時期的結構嚴謹、法度森嚴，宋元時的書法家更加追求美感，書作或清朗俊秀，或雍容典雅，彰顯了這一時期書法的顯著特徵。趙孟頫是這個時期最著名的書法家，他集前代諸家之大成，取得了極高的成就。

楷書字形規整、點畫分明，無法快速書寫；草書筆勢連綿、結構多變，難以識別。凡此種種，給人們的日常使用帶來了很大的不便，也促使了漢字順應社會需要繼續發展演變。東漢晚期，為彌補楷書的書寫速度太慢和草書的難於辨認，一種介於楷

悲者矣至若春和景明波瀾不
沙鷗翔集錦鱗游泳岸芷汀蘭
空皓月千里浮光躍金静影沉

　圖 4-32　行書字《岳陽樓》局部（王訊謨作品）

書與草書之間的新字體出現了，它就是「行書」。（圖4-32）

　　唐代書法家、書學理論家張懷瓘在他的《六體書論》中曾將楷書、行書、草書的字形做過形象的比喻和比較：「眞書如立（站立），行書如行（行走），草書如走（奔跑）。」的確，行書不像楷書那樣端正，也不像草書那樣潦草。介於楷書、草書之間，就使得它在書寫時有了很大的自由空間，可與楷書相近，也可與草書相近，因此，人們就把用筆規矩接近楷書的行書稱爲「行楷」（楷法多於草法），把用筆放縱接近於草書的行書稱爲「行草」（草法多於楷法）。（圖4-33）

　　由於剛從隸書中「掙脫」出來，早期的行書無論是形體結構還是運筆

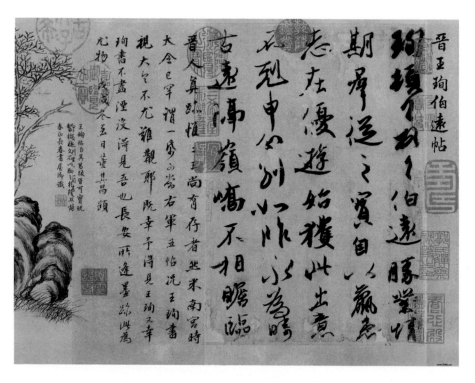

圖 4-33　東晉，王珣的行書作品《伯遠帖》　　131

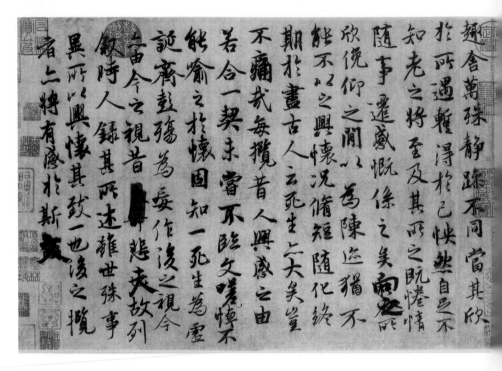

圖 4-34　東晉，王羲之的行書作品《蘭亭序》

規則上都保留著濃厚的隸書意味。受楷書和草書的影響，以及文人墨士的改造、美化，行書到魏晉時代走向成熟，作爲楷書的輔助形式得到了廣泛運用。

　　王羲之的行書被公認爲成熟行書的典範，其代表作《蘭亭序》（圖4-34）被後人讚譽爲「天下第一行書」。

　　行書的特點，可概括爲三點：

　　第一，減省點畫，便於書寫。減省點畫在偏旁方面應用最多。比如，「語」字左邊的「言」字旁，楷書中原本是繁寫的七畫，行書將其減省爲兩畫；楷書中的「然」字下方是四點水，行書將其減省爲一畫。（圖4-35）

永和九年歲在癸丑暮春之初會
于會稽山陰之蘭亭脩禊事
也羣賢畢至少長咸集此地
有峻領茂林脩竹又有清流激
湍暎帶左右引以為流觴曲水
列坐其次雖無絲竹管絃之
盛一觴一詠亦足以暢敘幽情
是日也天朗氣清惠風和暢仰
觀宇宙之大俯察品類之盛
所以遊目騁懷足以極視聽之
娛信可樂也夫人之相與俯仰

圖 4-35　行書字「然」和「語」　　**133**

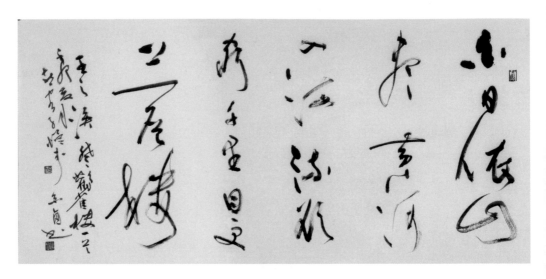

圖 4-36 書法作品《王之渙・登鸛雀樓》
（馬子愷作品）

作品中字的筆劃相互牽連，正體現了書
法中所說的「牽絲」筆法。

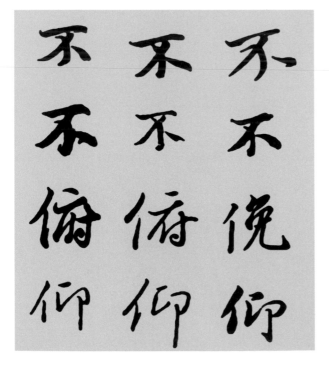

圖 4-37 王羲之《蘭亭序》中不同形態
的「不」「俯」「仰」字

　　第二，牽絲連筆，易於速寫。寫完一筆要寫下一筆時，筆尖不離開紙面直接書寫下一筆，筆劃間的這種連接就是書法家們所謂的「牽絲」。（圖4-36）

　　這種寫法使字形顯得生動活潑，筆勢呈現出流動性，與「行書」的「行」之意相呼應；大大提高了書寫效率，也更加適應社會需要。

　　第三，用筆靈活，不拘於楷。較之楷書，行書在書寫點畫時具有了更大的隨意性，不再受固定筆法的限制。以王羲之的《蘭亭序》為例，其中共出現了六種形態的「不」字，三種形態的「俯」字，三種形態的「仰」字（圖4-37）。

　　該例充分展現了行書點畫形態的多樣性。行書雖然寫法靈活多變，但不像草書那樣放縱不羈難以辨識。

　　行書兼有楷書和草書的優點，書寫效率高，方便識別，這使它取得了與當時作為正體的楷體並行的地位，並不斷擴大著在民間的使用範圍。「楷書行書兩相宜」，是對這兩種書體當時使用情況的真實描述。

方寸天地

中國漢字

⑤

漢字文化圈

▊ 無心插柳柳成蔭，亞洲多國結芳鄰

「文化圈」指的是具有相同文化特徵或包含相同文化要素的最大地理區域。特定文化的流動和傳播，是形成特定「文化圈」的基礎。

作為文化的載體和重要組成部分，文字在文化傳播、文化圈的形成過程中起著至關重要的作用。人們將當今世界劃分為以文字為標記的五大文化圈：1.漢字文化圈，以孔子（前551—前479）（圖5-1）儒學思想為中心的漢文化為代表；2.印度字母文化圈，以印度文化為代表；3.阿拉伯字母文化圈，以伊斯蘭教文化為代表；4.斯拉夫字母文化圈，以東正教文化

圖 5-1　孔子像

孔子，名丘，字仲尼，儒家學派的創始人。中國春秋後期偉大的思想家、教育家。孔子思想體系的核心是「禮」與「仁」，主張「為政以德」，認為應該用道德和禮教來治理國家。

圖 5-2　中國文房四寶——筆、墨、紙、硯，是中國獨有的文書工具，對
中國漢字文化的發展貢獻巨大

爲代表；5.拉丁字母文化圈，以天主教和新教文化爲代表。

　　漢字文化圈又稱儒家文化圈，指的是隨著政治、經濟、文化領域的廣
泛聯繫，以漢字爲載體，以儒家文化構建的漢文化爲中心，蔓延、輻射至
國內其他民族和東亞及東南亞周邊國家、地區並在當地產生巨大影響的區
域。一般認爲，漢字文化圈包括中國、朝鮮、韓國、日本和越南。其文化
共相是漢字、漢文、漢俗、漢禮、儒學、漢唐律令制度、生產技術等。

　　漢字文化圈興盛於漢唐，衰微於近代，現代重新復興。現代漢字文化
圈形成於古代漢字文化圈的基礎上，與古代漢字文化圈一脈相承。

　　漢字文化圈雖然在地域範圍上不及拉丁字母文化圈寬廣，但在人口範
圍上卻涵蓋了近四分之一的世界人口。目前，除了中國的民眾和世界各地

的華僑，日本、韓國、新加坡和馬來西亞也還在使用漢字，漢字是世界上使用人數最多的文字。（圖5-2）

漢字文化圈不但薈萃了中華文化的精華，還吸納了印度文化、西亞及中亞文化。古老而神奇的方塊漢字，既是中華文化的核心，也是東方文明的象徵。如今，以儒家文化為代表的漢文化再次煥發勃勃生機，漢字文化圈正在並將繼續對世界文化產生重要的影響。

漢字文化圈的形成，經歷了一個複雜而漫長的歷史過程。漢字曾伴隨著燦爛的中華文化傳到周邊民族和四鄰國家，逐漸形成了昔日的漢字文化圈。漢字傳播的大致情況是：向南，傳播到現在廣西的壯族、雲南的白族和越南的京族，產生了方塊壯字、方塊白字和喃字；向東，傳到朝鮮和日本，產生了諺文和假名；向北，傳到現在的內蒙古、遼寧、吉林、黑龍江、寧夏和甘肅，產生了契丹字、女真字和西夏字；向西，通過「絲綢之路」傳到了中亞、西亞，還由西方傳教士傳播到了歐美。漢字文化圈內各國受漢文化影響的內容、程度有所不同，但都受惠於漢語漢字這一點是共同的。

中國與朝鮮山水相依，自古就有著密切來往。漢字傳入之前，朝鮮本沒有文字；漢字傳入後，朝鮮開始使用漢字記錄他們的語言。公元前五世紀，中國的鐵器、銅器傳入朝鮮半島，漢文化隨之陸續東傳（圖5-3）。大概是公元前一世紀前後，漢字傳入朝鮮並被用於記錄文書、命令，標誌著漢字在朝鮮半島安家落戶。《訓民正音》發佈前，漢字一直是朝鮮書寫官方文書、記載歷史的工具。

公元一世紀中期至公元二世紀前半期，朝鮮半島先後建立了高句麗國、百濟國和新羅國，開始了朝鮮的三國時代。當時的統治者很重視儒學教育，貴族子弟和官吏都要研習儒家經典。漢文造詣高超者，大有人在。由公元前17年高句麗國王琉璃王所作的懷念其漢族寵妃雉姬的漢詩《黃鳥

139

圖 5-3　高句麗第 19 代王談德的記功碑《好太王碑》拓本

中國東晉時期，高句麗國第19代王談德（374—413）的記功碑。碑體為方柱形，由一塊巨大的天然角礫凝灰岩石柱稍作修琢而成。碑高6.39米，底寬1.34米—1.97米，碑文環刻於四面。

歌》（圖5-4），可見一斑。

　　古朝鮮的科舉考試還特設了譯科，考查應試者的朝漢翻譯能力。《老乞大》和《朴通事》是當時所用的漢語口語教材。它們取材於當時的社會生活，使用的都是明初的地道口語，流傳至今，為中國語言學界研究明代口語提供了重要材料，也成為中朝文化交流史上的見證。下面是《老乞大》中的一段：

　　　　大哥你從哪裏來？

　　　　我從高麗王京來。

　　　　如今哪裏去？

　　　　我往北京去。

　　　　你幾時離了王京？

　　　　我這月初一日離了王京。

　　　　到今半個月，怎麼才到這裏？

140

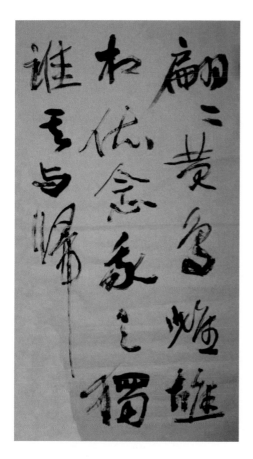

圖5-4 高句麗國王琉璃王的漢詩《黃鳥歌》

公元前17年，高句麗國王琉璃王作漢詩《黃鳥歌》
懷念離他而去的漢族寵妃雉姬：「翩翩黃鳥，雌雄
相依。念我之獨，誰其與歸。」琉璃王對雉姬的思
念之情，躍然紙上。

我有一個夥伴落後了來，我
沿路上慢慢行著等候來。

　　由於漢語屬於漢藏語系，朝
鮮語屬於東阿爾泰語系，二者的
發音、語法均有不同，傳統的音
讀法（用漢字表意，並遵循漢字
讀音）與訓讀法（漢字表意，採
用朝鮮語發音）結合比較麻煩，
百濟人薛聰創造了「吏讀法」
（7世紀末），即兼用漢字的字
形字義表示朝鮮語中的實詞，
只取漢字字音表示朝鮮語中的虛
詞，這雖給當時人們使用漢字帶
來一定便利，但作為難認難寫的
外來文字，其使用僅限於朝鮮較
高階層。（圖5-5）

　　為了更廣泛地普及文字，朝
鮮王朝第四代王李世宗組織創
製了適合記錄朝鮮語言的文字
體系──「諺文」，以《訓民正
音》之名頒佈，沿用至今。由於
漢字長期伴隨朝鮮文化的發展，對朝鮮語言有相當大的影響，加之諺文這
一表音字母無法區分音同義不同的詞，所以朝鮮文字尤其是人名、地名等
還要借助漢字。（圖5-6）

　　漢字傳入日本之前，日本也沒有文字。公元前一世紀，中國的銅鏡、

141

圖 5-5　朝鮮李朝金石學家、「書聖」金正　　圖 5-6　用漢字落款的諺文書法
喜的書法作品

貨幣、印章傳入日本，上面的漢字是最早傳入日本的漢字。1784年，日本
九州福岡縣發現了一枚漢光武帝賜給日本委奴國的金印（圖5-7）。金印高二
點二釐米，重一百零八克，印面上刻著隸體陰文「漢委奴國王」字樣。這
說明，漢字至少在光武帝（前6—57）時期就開始傳入日本。至公元三世
紀，隨著兩國交流的增加以及中國移民和已掌握漢字的朝鮮移民的進入，
日本開始使用漢字記事。據記載，應神天皇曾於公元284年邀請住在百濟的

142

圖 5-7　委奴國的金印、金印印面「漢委奴國王」及以委奴國金印爲題材的郵票

漢人學者王仁赴日教皇子漢文，漢字典籍開始大規模進入日本。公元403年，大和朝廷設立「史部」，任命中國、朝鮮移民用漢字記撰史事。公元五世紀前，認漢字懂漢文的還只是日本的少數上層統治者；六世紀後，普通百姓也開始學習使用漢字。

　　漢字的使用對日本文化的發展具有劃時代的意義，標誌著日本跨入了文明之門。公元六、七世紀，唐朝都城長安成爲世界經濟、文化中心，日本使節、留學生、學問僧蜂擁而至，唐朝文化全方位地傳入日本。日本從天皇名稱、國號確立，到中央體制、地方制度、考試制度、土地田賦制度的確立，無不效法唐制。奈良、京都兩地受大唐文化的影響尤其明顯，建築多模仿唐朝的長安城。中國的書法作爲一種獨特的藝術也傳入日本，東晉著名書法家王羲之、王獻之和唐初書法名家歐陽詢等人的作品享譽日本，爲日本書道藝術家所學習和臨摹。日本高僧空海專門以學問僧身份入

143

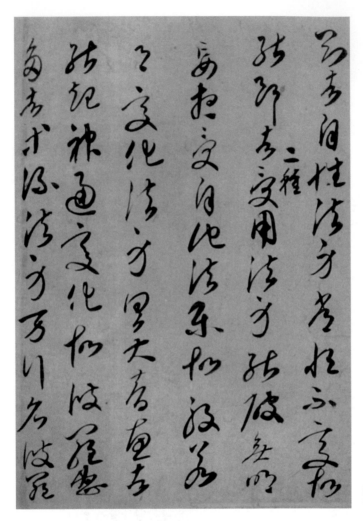

圖 5-8　日本高僧空
海法師的書法作品

唐求法，他的書道臨摹技藝精湛，被譽爲「日本的王羲之」。（圖5-8）

　　日本的禪書道還創新了「円相」書法。具體做法是不用文字書寫，在
紙上用毛筆一筆劃出一個圓圈（圖5-9）。円，古同「圓」。禪書道派認爲，
圓象徵著空、法性、覺悟、優雅、力量、實相，衆生本具之佛性，眞理之

圖 5-9　日本的「円相」書法作品

絕對性：円相反映了書寫者當時的靈性狀態，只有靈性方面完滿的人才能畫出眞正的「円相」。円相體現了日本人在禪宗影響下的獨特審美觀。

　　在漢字使用上，日本人同樣依據母語的特點靈活地運用漢字這一工具。有些漢字只保留字形字音，被賦予新的字義；有些漢字形義兼顧，但採用日語發音。日本最早的詩歌總集《萬葉集》（圖 5-10）就是綜合這兩種方法，記錄了公元四世紀至八世紀日本的優秀歌謠作品。

圖 5-10　《萬葉集》第一卷局部

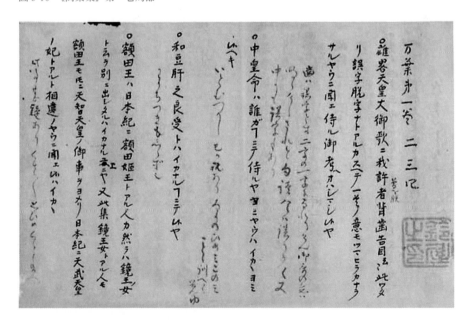

あいうえお
かきくけこ
さしすせそ
たちつてと
なにぬねの
はひふへほ
まみむめも
やゆよ
らりるれろ
わをん

圖 5-11　日文的平假名

鼻音	わ行	ら行	や行	ま行	は行	な行	た行	さ行	か行	あ行	行/列
ン n	ワ wa	ラ ra	ヤ ya	マ ma	ハ ha(wa)	ナ na	タ ta	サ sa	カ ka	ア a	あ段
		リ ri		ミ mi	ヒ hi	ニ ni	チ chi	シ shi	キ ki	イ i	い段
		ル ru	ユ yu	ム mu	フ fu(hu)	ヌ nu	ツ tsu	ス su	ク ku	ウ u	う段
		レ re		メ me	ヘ he(e)	ネ ne	テ te	セ se	ケ ke	エ e	え段
	ヲ o	ロ ro	ヨ yo	モ mo	ホ ho	ノ no	ト to	ソ so	コ ko	オ o	お段

圖 5-12　日文的片假名

　　爲了區別於眞正的漢字，《萬葉集》中改變了字音或字義的漢字被稱爲「萬葉假名」。萬葉假名逐漸成爲約定俗成的成分，其便捷的草書形式後來演化爲平假名（圖5-11）；日本人又用漢字結構中的部分部件創製了片假名（圖5-12）。平假名、片假名已經足夠自由地記錄日語，日本人又通過象形、會意等方法創造了「和字」，連同很大一部分漢字，完善的日語標記系統就此建立。至今，日文中還存在近二千個漢字。（圖5-13）

　　漢字文化圈的另一個重要成員是越南。中越關係源遠流長，傳說，早在堯舜時代中國的統治範圍就到了「交趾」（今越南）。秦始皇統一中國後，在嶺南設桂林、南海、象郡三郡，就包括今越南的北部和中部地區。

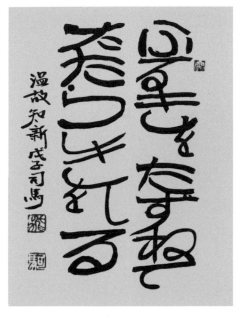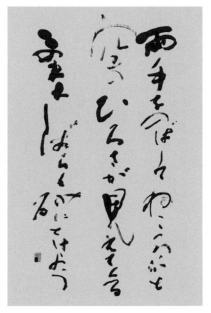

圖 5-13　日本的假名書法作品

漢朝時期，為穩固南疆在該地設交趾部，開辦學校講授經義，創立禮法制度。秦漢時期，士燮、劉熙、牟博等學者為躲避戰亂寓居越南，士燮禮賢下士，團結知識份子，使交趾「通詩書，習禮樂」，被越南人尊為「士王」。此時，交趾也曾派貢使到中央留學。秦漢時期，漢字以官方文字的身份進入越南，移民的流入和統治者的教化使漢語對當地的京語產生了很大影響。

　　唐代時設安南都護府對越南地區直接統治，中央政府在此開辦學校，實行科舉考試。唐末安史之亂後，越南建立自主政權並逐漸建立統一國家，經濟文化方面仍與中國保持來往，並繼續沿用中國的官僚制度、科舉制度，儒家思想也得以沿襲。其時，知識份子們開始尋求更適合記錄越南語的方式，他們嘗試用一個表音漢字和一個表義漢字相結合的方法構成記

147

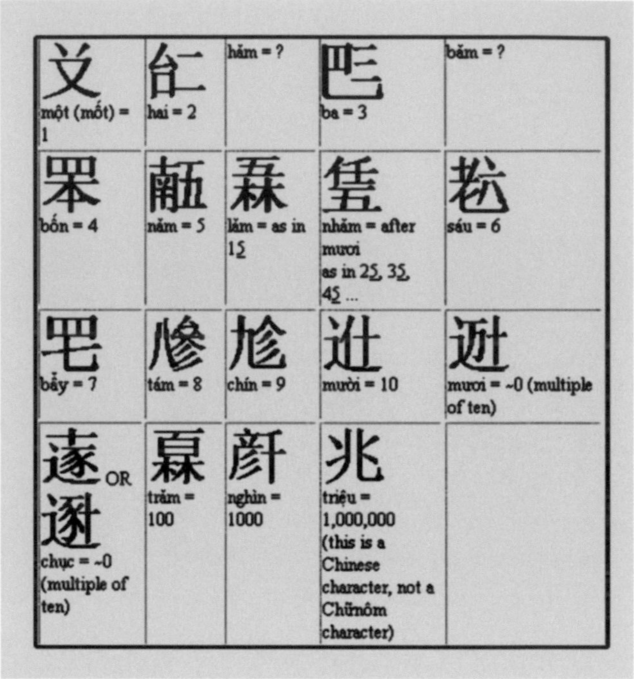

圖 5-14　越南的喃字

錄越南語的文字，喃字應運而生。（圖5-14）

　　喃字作爲正式文字與漢字並行使用，時間很短。多數情況下它只用於民間，正式文字一般都是漢字。十九世紀以前，越南主要使用漢字。越南的許多史學、文學著作均用漢字寫成，漢字是越南傳統文化重要的組成部分。

　　需要指出的是，漢文化在漢字文化圈內被傳播、效法的同時，也得到了豐富、發展、完善。漢字文化圈內的諸多國家和地區，既是漢文化的受益者，也是漢文化不斷豐富、發展的貢獻者。

▌有心栽花別樣紅，漢字圈內春意濃

　　印度前總理尼赫魯曾對女兒說：「世界上有一個偉大的國家，她的每個字都是一首優美的詩，一幅美麗的畫，妳要好好學習。」（圖5-15）從中，不難看出尼赫魯總理對漢字的熱愛。

　　隨著中國改革開放的日益深入，中國的經濟有了長足發展，綜合國力迅速提升，中國的國際地位也在逐漸提高。隨著中國與世界其他國家和地區交往的不斷拓展，不單是東亞、東南亞原有的漢字文化圈地區，甚至在世界範圍，都刮起了一股漢語熱、漢字熱的旋風。

　　歷史上，漢字曾對周邊國家的文化產生過巨大影響；近年來，隨著中國經濟的迅速發展和各國傳統文化保護意識的日益增強，昔日的漢字文化圈呈現出新一輪的漢字熱。

　　日本設有專門的「漢字能力檢定協會」，每年進行漢字檢定考試，還通過民眾投票方式選出當年度最具代表性的一個漢字。據報導，日本每年報考漢字測試的人數比報考英語托福考試的人數還多，僅2005年就有二百四十萬人參加了漢字能力檢定考試。越來越多的大學和高中把漢字能

圖 5-15　手攜「恭喜發財」「萬事如意」的中國剪紙男孩、女孩

力作爲錄取依據，各種補習、比賽隨處可見。（圖5-16）此外，日本各大電視臺綜藝頻道基本上都有類似中國《開心詞典》一類的答題闖關欄目，漢字的讀音和寫法是其看家項目，收視率居高不下。日本的書法作品大都用漢字書寫，很多書法愛好者都喜歡模仿中國書法家的字帖。日語中，表達方式越正式，漢字使用量就越大。對漢字的認知程度和書寫能力，很大程度上已成爲一個衡量日本人素養高低的標尺。

　　據稱，漢字能力檢定協會每年收取的考試費高達七十億日圓（約合人民幣五千一百七十萬元）。日本前首相麻生太郎在公衆場合連續讀錯漢字，被人恥笑。一本名爲《看似會讀實則不會讀的易錯漢字》（圖5-17）的實用書，出版幾個月後便高居日本暢銷書排行榜首，一年內售出六十萬冊。有日本媒體評論：「現在，即便豐田都在虧損，與漢字相關的產業卻

圖 5-16　日本某中國語課程班結業典禮現場、「漢語橋」比賽預選賽現場條幅（李茜攝）

　　在賺錢。」在日本，與漢字相關的產業被戲稱為「搖錢樹」。

圖 5-17　日本學漢字暢銷書《看似會讀實則不會讀的易錯漢字》

　　2013年1月17日，中國央視網發佈了一條消息：日本前首相鳩山由紀夫在南京大屠殺紀念館題字「友愛和平」。落款處，鳩山故意將他名字中的「由」寫成了「友」，他說這樣寫是希望中日世世代代友好下去。由此可見，鳩山不但漢字功底了得，對中國傳統文化的了解和把握也相當深刻。

　　在韓國，漢字已成為韓國人日常生活的　部分。2004年11月21日，中國第一所孔子學院在韓國首爾揭牌建立，至今在韓已建十六所孔子學院。2009年年初，韓國多位前總理聯名上書青瓦台，呼籲李明博政府強化漢字教育，在小學正式開設漢字教育課程。韓國教育部規定，自2011年開始，將漢字

151

圖 5-18 　韓國街頭的漢字門匾（李娜攝）

課列爲韓國小學的必修科目；初中和高中六年，學生應掌握一千八百個漢字。自2000年開始，韓國開設了全國性的「漢字檢定能力考試」，想取得一級證書，至少要能讀一千五百個漢字，會寫二千個漢字。據報導，韓國語文學會2004年舉辦的漢字能力考試，應試者達一百零四萬人。甚至連監獄裏也興起了學習漢字的風潮，成績優秀者可獲減刑獎勵。韓國的大街、小巷、車站、碼頭，漢字時有顯現。（圖5-18）

　　近年來，跟漢字學習有關的參考書、練習冊、習題集的銷售量，以每年20%的速度增長。跟漢字一樣，書法藝術在漢字圈的其他國家也備受推崇。（圖5-19）

　　2008年，韓國率先發起「書藝」世界申遺，可見書法藝術和傳統儒學文化在韓國民衆心中的地位；禮教在韓國得到很好的傳承，足見儒學文化在韓國的生根開花、發揚光大。

　　在越南，漢語成爲僅次於英語的第二大外語，報考大學中文系的考生年年爆滿，漢語補習班隨處可見。漢字書法家也受到社會各界的特別尊重。2009年，越南數十位學者聯名上書教育部，提議中小學開設漢字必修課，以適應經濟發展的需要。雖然認識漢字的人不多，但漢字在越南當代

社會生活和民衆生活中仍佔有重要地位。
很多日常用品、食品上都注有漢字，商店
的很多工藝品上有「福、祿、壽」「招財
進寶」等字樣；爲招攬中國遊客，一些商
店門口還寫有「請進」、「歡迎」的漢
字。居住著幾十萬華人的胡志明市，漢字
更是隨處可見。張貼大大的紅色雙喜字，
已成爲越南婚慶活動中必不可少的項目。
越南民間跟中國民間一樣用農曆，春節也
是他們的一個盛大的傳統節日，春節時民
間也有張貼漢字對聯的習俗。無論原有還
是新建的寺廟，都貼有用漢字寫成的對
聯。

2009年的一組數據顯示，越南已有7所
大學開設了中國語言文學系，約35所大學
的外語系設置了漢語專業，開設了公共漢
語課，在華越南留學生已成爲僅次於韓、
日留學生人數的第三大群體。新加坡、菲
律賓、泰國、馬來西亞、印度……學漢
語、寫漢字、喜歡中國文化的人日益增
多。（圖5-20）（圖5-21）儒家傳統文化的一
部分價值觀、倫理觀，已積澱爲漢字文化
圈國家的道德規範和民族心理，誠如新加
坡前總理李光耀國慶獻辭所言：「也許我
英語比華語好，因爲我早年學會英語；但

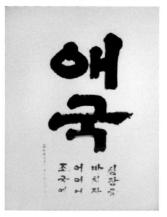

圖 5-19　韓國諺文書法　　153

圖 5-20 泰國曼谷街頭的漢字招牌（蘇玉桃攝）　圖 5-21 泰國普濟島街頭的漢字招牌（商玥攝）

是即使再過一千個世代，我也不會變成英國人。我心中所信守的不是西方
的價值體系，而是東方的價值體系。」如今，昔日的漢字文化圈又迎來了
春天。

▍萬水千山總是情，多元世界漢字風

明清之交的十六、十七世紀，通過眾多耶穌會傳教士，東學西漸，中國傳統文化被傳播到歐洲一些國家。義大利傳教士利瑪竇（圖5-22）最早把儒家經典「四書」、「五經」譯介到西方，《利瑪竇日記》首次向歐洲全面介紹了中國的道德和宗教思想。傳教士們將康乾盛世的一幅幅美好中國圖景展現給正飽受教派紛爭和戰亂困擾的歐洲。十七世紀至十八世紀的二百年間，中國的哲學思想、建築風格、商品、工藝品一度風靡歐洲。法國哲學家伏爾泰的禮拜堂裏，供奉著孔子畫像；景德鎮瓷器，被視為「東

圖5-22　義大利傳教士利瑪竇（1552—1610）像

155

圖 5-23　美國紐約的中餐廳、超級市場（李芳芳供圖）

方魔幻玻璃」。那時歐洲刮起了一場異常狂熱的「中國風」。

二十一世紀的今天，在西方很多國家和地區，中國已不再是幾十年前讓他們倍感陌生的神秘古國，而是帶給他們諸多新奇和感歎的文化綠洲。

大洋彼岸的美國，漢語熱、漢字熱出乎專家、業內人士意料。2004年11月，馬里蘭大學與南開大學簽署合作創辦孔子學院的協議，2005年3月正式招生開課，這是中國在美國的第一所孔子學院。至今，全美四十八個州已設孔子學院八十一所，孔子課堂二百九十九個，美國成為全球擁有孔子學院最多的國家。這些孔子學院不僅從事漢語教學和師資培訓等工作，還積極傳播中國文化，推動了中國與世界各國的文化交流、中國文化的全球傳播和中文教學的全球普及。

如今，無論是華人聚集的洛杉磯，還是紐約或是賭城拉斯維加斯，鬧市街頭，甚至美國的一些主流銀行、電話公司，不時可見大幅的中文廣告

及招牌。（圖5-23）

　　大學裏開設的中文課程越來越受歡迎，各地的民間中文學校也越來越紅火，漢字甚至成爲好萊塢明星、體育明星的紋身內容。當紅的偶像派明星賈斯汀身上有兩款漢字紋身——「風土水火」和「溜冰」，足球巨星貝克漢腰間有「生死由命，富貴在天」的漢字草書紋身。越來越多體壇、藝壇明星的漢字刺青，更是激發了世人對神奇漢字的關注。

　　「凡有海水的地方，就有華人的足跡。」不獨美國，華

圖 5-24　倫敦丘園中以中國廣州塔爲模型建造的塔

人足跡所到之處，中華文化與當地文化就有和諧交融。據保守估算，移居世界各地的華人約三千五百萬，百分之八十五以上加入當地國籍。他們在五湖四海謀生，在爲當地發展壯大做奉獻的同時也在不斷發揚中華文化。華人經濟，已成爲今日之世界全球一體化經濟中一支不可忽視的力量；華人走到哪裏，中國文化特有的思想、理念、倫理、道德、語言、文字、文學、藝術、風俗、習慣，甚至衣食住行等就傳播到哪裏，就與當地文化友好交流、和諧交融，有些甚至昇華爲當地主流文化的重要組成部分。（圖5-24）（圖5-25）（圖5-26）

　　自2004年全球第一所孔子學院在韓國首爾建立，短短八年內全球就有一百零八個國家共建立孔子學院、孔子課堂近一千個，註冊生五十萬人，

圖5-25　法國國王路易十四（1638—1715）仿照中國建築建造的特里亞農宮

圖5-26　瑞典國王阿道夫·弗里德里克（1710—1771）仿照中國建築風格修建的「中國宮」

比爾·蓋茨是其中的「名人學員」，他用漢語做的公益廣告「被吸煙，我不幹」，具有極大的標竿作用。（圖5-27）

據報導，世界排名前二百名的大學中，建有孔子學院的達七十所。孔子學院、孔子課堂向世界傳播中華文化（圖5-28）（圖5-29），通過文化與世界溝通、交流、互鑒、交融，作用顯著。

如今，網際網路、手機終端功能強大，使漢字再次煥發出嶄新的生命力：先進的輸入法減輕或消除了初學漢語者的「漢字恐懼症」，漢字的形象表達優勢使它從眾多的輸入工具中脫穎而出，受到前所未有的歡迎。以被網友們形容為「二十一世紀最風行的一個漢字」「囧」字為例：這個字的甲骨文形體是「⊗」，小篆形體為「⊘」，楷體為「囧」。現在中國大陸寫作「囧」，香港、台灣寫作「囧」，日文、韓文中為「囧」。它是個象形字，本義為「光明」，屬於生僻字；由於其字形的特別性——「八」像下垂的眉眼，

圖 5-27　澳大利亞半島學校的中文課堂（周曉康攝）

圖 5-28　中國孔子學院總部（李茜攝）　159

圖 5-29　中國孔子學院總部大樓內的萬國旗（李茜攝）

「口」像張開的嘴巴，整個字形極像一張愁苦、鬱悶的面孔，而被賦予了「鬱悶、悲傷、無奈」等義，在網絡中迅速「竄紅」，成爲一個盛行於網路的表情符號。

　　總之，中國的崛起、世界多元文化的構建給漢字文化圈的復興與發展提供了更高的平臺和更大的空間，使包括漢字在內的中國文化在世界範圍內復甦、醒覺、生根、發芽、開花。誠如業內人士所言：漢字文化圈的復興與中國國際地位的提高、綜合國力的日漸強大密不可分，但這並不意味著漢語、漢字已成爲強勢語言文字，也不意味著中華文化已在全球開花結果。只有中國的科學技術和文化教育走到了世界前列，漢字文化圈才會眞正地走向復興。

參考文獻

[1]　董琨。中國漢字源流[M]。北京：商務印書館，1998。

[2]　張其昀。漢字學基礎[M]。北京：中國社會科學出版社，2005。

[3]　何九盈。漢字文化學[M]。瀋陽：遼寧人民出版社，2000。

[4]　李樂毅。漢字演變五百例[M]。北京：北京語言學苑出版社，1992。

[5]　劉國恩。漢字文化漫談[M]。武漢：湖北教育出版社，1997。

[6]　裘錫圭。文字學概要[M]。北京：商務印書館，1988。

[7]　蘇培成。現代漢字學綱要[M]。北京：北京大學出版社，1994。

[8]　蘇新春。漢字文化引論[M]。南寧：廣西教育出版社，1996。

[9]　劉俊。漢字在現代廣告設計中的運用[D]。北京：中國美術學院，2010。

[10]　王彬彬。漢字在現代廣告中的應用研究[D]。吉林：吉林大學，2008。

國家圖書館出版品預行編目（CIP）資料

方寸天地：中國漢字 / 劉雪春著. — 初版.—
　臺北市：風格司藝術創作坊，2015.08
　　面；公分 . -- （中華文化輕鬆讀；09）
　ISBN 978-986-91787-1-6（平裝）
　1. 漢字 2. 歷史

541.26208　　　　　　　　　　　104006940

方寸天地：中國漢字

作　　者：劉雪春
出　　版：風格司藝術創作坊
發 行 人：謝俊龍
責任編輯：苗龍
企劃編輯：范湘渝
　　　　106　台北市大安區安居街 118 巷 17 號 1 樓
　　　　TEL：886-2-8732-0530　　FAX：886-2-8732-0531
　　　　E-mail：mrbhgh01@gmail.com
總 經 銷：紅螞蟻圖書有限公司
出　　版：114　台北市內湖區舊宗路二段 121 巷 19 號
　　　　TEL：886-2-2795-3656　　FAX：886-2-2795-4100
　　　　http//www.e-redant.com
初版一刷：2015 年 7 月
定　　價：280 元

※ 本書如有缺頁、製幀錯誤，請寄回更換 ※

ISBN　978-986-91620-7-4